普通高等教育"十二五"系列教材

U0643212

城市轨道交通 供电系统

李亚宁　编
张友鹏　主审

中国电力出版社
CHINA ELECTRIC POWER PRESS

内 容 提 要

本书针对城市轨道交通供电系统的特点，对基础理论、常见设备、系统结构及运行等方面进行了全面介绍。本书共分十二章，主要内容包括外部电源、变电所常用设备、变电所主接线基本形式、主变电所、中压网络、牵引变电所、降压变电所、接触轨、杂散电流的腐蚀防护、变电所平面布置图和牵引供电计算等。

本书可作为普通高等工科院校城市轨道交通供电相关专业的教材，也可供高职高专院校相关专业师生和从事轨道交通供电工作的相关技术人员、管理人员参考使用。

图书在版编目（CIP）数据

城市轨道交通供电系统/李亚宁编 . —北京：中国电力出版社，2014.10（2025.1重印）

普通高等教育"十二五"规划教材

ISBN 978－7－5123－6561－2

Ⅰ.①城… Ⅱ.①李… Ⅲ.①城市铁路－供电系统－高等职业教育－教材 Ⅳ.①U239.5

中国版本图书馆 CIP 数据核字（2014）第 230053 号

中国电力出版社出版、发行

（北京市东城区北京站西街 19 号 100005 http://www.cepp.sgcc.com.cn）

北京天泽润科贸有限公司印刷

各地新华书店经售

＊

2014 年 10 月第一版 2025 年 1 月北京第八次印刷

787 毫米×1092 毫米 16 开本 10 印张 241 千字

定价 **36.00** 元

版 权 专 有 侵 权 必 究

本书如有印装质量问题，我社营销中心负责退换

前　言

作为解决城市交通拥挤的有效途径，城市轨道交通得到了迅猛发展。供电系统作为城市轨道交通的重要组成部分，大量采用先进技术与新型设备，逐步实现监控自动化、远动化、运行管理智能化、性能检测及故障诊断现代化。因而对广大城市轨道交通供电系统运行维护人员，在知识上、技能上提出了更高的要求。

编者结合轨道交通供电系统的实际情况，以轨道交通供电系统新技术、新设备技术资料为依据，紧扣国家普通高等院校本科城市轨道交通供电系统教学大纲要求，结合目前高等人才培养模式和学生就业的需要，充分考虑普通高等院校学生的基础实际，在多年课程教学实践的基础上编写了本教材。

本书在内容编排上，注重理论与实践相结合，旨在拓展学生的实践能力。本书针对城市轨道交通供电系统的特点，对基础理论、常见设备、系统结构及运行等方面进行了全面介绍。本书共十二章，主要内容包括外部电源、变电所常用设备、变电所主接线基本形式、主变电所、中压网络、牵引变电所、降压变电所、接触轨、杂散电流的腐蚀防护、变电所平面布置图和牵引供电计算等。

本书由兰州交通大学李亚宁编写，兰州交通大学张友鹏教授主审。

限于编者水平和经验，书中难免存在疏漏和不足之处，敬请读者批评指正。

编　者

2014 年 9 月

目　　录

1 概　　述

城市轨道交通供电系统是城市轨道交通运营的动力源泉，负责电能的供应与传输，提供牵引电动列车所需的电能及车站、区间、车辆段、控制中心等其他建筑物所需要的动力照明用电。供电系统应具有安全性和可靠性，以保障供电。本章在介绍城市轨道交通供电系统之前，先对城市轨道交通发展情况进行简单介绍。主要内容包括：城市轨道交通概述；城市轨道交通的分类；供电系统功能；供电系统构成；牵引网供电制式。

1.1　城市轨道交通概述

1.1.1　城市轨道交通的定义和特点

1. 城市轨道交通的定义

城市轨道交通是采用轨道结构进行承重和导向的车辆运输系统，依据城市交通规划的总体规则和要求，设置全封闭或部分封闭的专业轨道线路，以列车或单车形式运送相当规模客流量的公共交通方式。

2. 城市轨道交通的特点

城市轨道交通与城市道路交通相比，具有以下特点：

(1) 安全。城市轨道交通因为有运量大的特点，人们在设计、建设、管理及资金的投入等方面对城市轨道交通的安全特别重视。

(2) 快捷。城市轨道交通不受地面环境影响。

(3) 准时。城市轨道交通在其专用的轨道上行驶，一般都会正常准时运营。

(4) 舒适。城市轨道交通由于运行在不受其他交通工具干扰的线路上，城市轨道车辆具有较好的运行特性，车辆、车站等装有空调、引导装置、自动售票等直接为乘客服务的设备，城市轨道交通具有较好的乘车条件，其舒适性优于公共电车、公共汽车。

(5) 运量大。城市轨道交通的车厢空间大，一列地铁可载 2000 人以上。地铁单向最大高峰小时客流量达到 3 万～7 万人次，甚至达到 8 万人次。轻轨单向最大高峰小时客流量达到 1 万～3 万人次。

(6) 无污染（或少污染）。城市轨道交通由于采用电气牵引，与公共汽车相比不产生废气污染。由于城市轨道交通的发展，还能减少公共汽车的数量，进一步减少了汽车的废气污染。由于在线路和车辆上采用了各种降噪措施，一般不会对城市环境产生严重的噪声污染。因此，又称之为绿色交通。

(7) 占地少，不破坏地面景观。城市轨道交通的线路主要在地下，占用城市地面面积小，不会破坏地面景观。

1.1.2　城市轨道交通的发展

1. 国外城市轨道交通的发展

(1) 发展简史。

1863 年, 世界上第一条用蒸汽机车牵引的地下铁道线路在英国伦敦建成通车, 当时还没有电车和电灯, 至今已经有 150 多年。城市轨道交通的发展经历了一个曲折的过程, 大致分为以下几个阶段:

第一阶段为初步发展阶段 (1863—1924 年)。在这一阶段, 欧美的城市轨道交通发展较快, 有 13 个城市建立了地铁, 还有许多城市建立了有轨电车。

第二阶段为停滞萎缩阶段 (1924—1949 年)。第二次世界大战的爆发和汽车工业的发展, 私人汽车成为主流交通工具。而轨道交通因投资大, 建设周期长, 一度失宠, 在这一阶段只有五个城市发展了城市地铁, 有轨电车的发展停滞不前。城市轨道交通处于停滞和萎缩阶段。

第三阶段为再发展阶段 (1949—1969 年)。汽车工业发展的弊端使轨道交通重新得到重视, 而且从欧美逐步扩展到日本、中国、韩国、巴西、伊朗、埃及等国, 这期间有 17 个城市新建立了地铁。

第四阶段为高速发展阶段 (1970 年至今)。1970 年以后, 地铁发展更快。据 2005 年日本地下铁道协会统计, 全世界有 142 个城市拥有城市轨道交通系统, 其中 112 个城市拥有 8227km 地铁线路。排名前十的城市依次是巴黎、纽约、伦敦、首尔、莫斯科、东京、芝加哥、柏林、波士顿、旧金山。其中, 巴黎、纽约、伦敦均在 400km 以上。截止到 2007 年底, 我国上海城市轨道交通运营线路已有 236km, 跃居世界第七位。

(2) 城市轨道交通供电系统发展现状。国外城市轨道交通供电系统发展现状见表 1-1。

表 1-1　　　　　　　　　　　　国外主要城市轨道交通供电系统现状

序号	国家名称	城市名称	轨道交通供电系统概况
1	新加坡	新加坡	新加坡地铁于 1987 年建成通车, 线路全长 67km, 全线有 4 座高压电站, 电压为 63kV/22kV, 三路输入, 故障时只要一路供电, 即可满足全部负荷用电。电压为 22kV/557V 两级, 经整流后三轨额定电压为 750V。采用目前处于世界最高水平的综合监控系统, 该系统集成了自动列车控制、自动列车保护、设备监控等系统
2	日本	神户	日本神户地铁于 1987 年建成通车, 线路全长 22.7km, 加上北神线 7.5km 与之贯通运行, 共计 30.2km。全线设变电所 8 个, 从电力公司引入 22~77kV 交流高压电源, 接触网供电电压为 1500V
3	法国	巴黎	巴黎地铁于 1900 年建成通车, 巴黎市中心线路总长为 215km, 共 384 座车站。巴黎地铁供电系统的发展, 经历了两个阶段。20 世纪 50 年代前为第一阶段, 当时供电方式比较陈旧, 采用分散供电方式, 从市区供电系统引入 10kV 的中压电, 再通过 30 多座牵引变电站, 供给列车牵引用电和各种辅助用电, 均为人工操作, 工作繁重。第二阶段从 20 世纪 50 年代后开始, 采用集中供电方式, 共设 6 座高压变电站, 由国家直接供电, 国家电网的 11 座变电站供给 63kV 的双路电源, 4 座高压站供给 255kV 的双路进线电源, 提高了供电可靠性 巴黎地铁的 6 座高压变电站分别将 63kV 和 255kV 降至 15kV, 每座高压变电站均为 A、B 互相独立的两部分组成, 而且互为备用电源。在每座高压变电站还装有 1765kW 柴油发电机组和 5.5kV/15kV 的升压变压器, 这些设备可在 A、B 两部分都发生故障的情况下, 自动或遥控启动

续表

序号	国家名称	城市名称	轨道交通供电系统概况
4	意大利	米兰	米兰地铁于 1955 年开始修建，1964 年开始启用，现今营运中的线路共有 4 条，分别是米兰地铁一号线（M1 线）、米兰地铁二号线（M2 线）、米兰地铁三号线（M3 线）和米兰地铁五号线（M5 线），全长 92km。主要电源来自米兰市政电力负责的 28 座地方（23kV）变电站，米兰市运输部门负责变电站电压转换（一线 750V，二线和三线 1500V），米兰市铁路线馈电通过高速开关的直流方式转换。在每座变电站安装 6000kW 额定输出。整个电力系统由电力中心（QCE）通过遥控监测系统控制
5	俄罗斯	莫斯科	莫斯科地铁 1931 年开始兴建，1935 年 5 月开通，目前已拥有 9 条运营线路（即八线一环），全长 277.9km。莫斯科地下铁道牵引供电全部采用直流 750V 接触轨下部授流。基本上每个车站都设有整流牵引变电站，各整流牵引变电站分别从地方引入 10kV 电源，在整流牵引站内由 10kV 干式变压器降压，经三相全波整流（硅整流器），输出电压为 825V，供牵引电机用电
6	加拿大	温哥华	加拿大温哥华市于 1982 年开始动工建造先进轻轨快速交通系统，简称为 ALRT 系统，1989 年全部建成。系统全长 29km，该系统是目前世界上最长的一条全自动化快速轨道交通系统，不仅具有先进的科学技术，而且有严格的管理手段，从而成为温哥华地区的客运交通骨干
7	墨西哥	墨西哥城	墨西哥城地铁的电源取自中央电力与照明股份有限公司，供电的正常电压是 23kV。动力照明变电站：在线路的每个终端设 2 座变电站，一个是正常运行变电站，另一个是"应急"变电站，两座变电站由自动转换开关控制。整流变电站：是向地铁列车的牵引系统供电，每个整流变电站的整流能力为 4000kW，设双套供电装置，可自动切换以保证连续、安全供电。牵引网电压 750V，电通过与该站相连接的导电轨传送，走行轨和导向轨作为电流的回路。配电网：23kV 网的配电系统采用的是三相三线制。自动转换开关由 3 个装置组合而成，配电网上各种设备的最大设计导电能力为 400A。电力控制中心：设在中央控制大楼内，可以对整流变电站及动力和照明开关进行遥控操作，可查出这些设备上的故障及其位置，并发出相应的信号。车站及区间的照明和动力：每个站区建有 2 座变电站，即第一变电站和第二变电站
8	日本	横滨	日本横滨轻轨新交通系统全长 10.6km（上下行双线）。全线供电系统采用了由中心调度所集中监控的方式，各变电所、配电室都无人值守。在车辆段设有一座大的变电站，用两路以 63kV 的高压引入东京电网电力，然后用 7500kVA 变压器降压到 6.6kV，用两路送到各变电所和配电室。这座变电站还设有一个 625kVA 的柴油发电机，在非常紧急时由电力管理系统控制，供给各站和运行中心调度所等地的重要负荷。接触网供电方式采用侧面三轨授电方式，电压是直流 750V
9	日本	东京	东京地铁于 1927 年通车，现有 13 条线路，总长 292.6km，共 274 座车站。牵引供电取自东京电力网，两路电源，一路 22kV，另一路 63kV。全线 51 座变电所，在 600V 区段供电距离为 2km，在 1500V 区段供电距离为 3.6km，通过硅整流器变换成 DC600V 或 DC1500V，馈至接触轨或架空接触网，目前在所有线路上除 2 条线路是三轨授电方式外，其余 5 条均是架空接触网式

序号	国家名称	城市名称	轨道交通供电系统概况
10	匈牙利	布达佩斯	布达佩斯地铁始建于1896年，现在运营的线路总长30.8km。供电系统的特点：正常供电为一路进线，变电站采用多机组。另外设置二路备用电源进线，并通过2条电缆连接全线所有变电站。照明备用电源为蓄电池。牵引网电压采用DC750V，接触轨上部供电。地铁牵引整流站，绝大部分设于地下

2. 国内城市轨道交通发展

1908年上海第一条有轨电车线路建成，由静安寺行驶至外滩，全长6.04km，这是我国最早的城市公共交通。

由于历史原因，我国的城市轨道交通建设起步较晚，我国城市轨道交通始于北京地铁建设。北京地铁一期工程1965年开工，1969年建成通车。直到20世纪80年代，中国城市仅有北京地铁40km，天津地铁7.6km。之后在上海、广州、武汉、长春、大连、深圳、重庆、南京等城市有了城市轨道交通，杭州、沈阳、成都、哈尔滨、西安、厦门、苏州、青岛、东莞、宁波、佛山、石家庄、郑州、长沙、兰州等33个城市正在建设、筹建或规划中。

武汉、天津、大连等城市建成了连接市中心区的快速轻轨交通系统；长春、大连进行了有轨电车交通的现代化改造；重庆建成了我国第1条用于城市轨道交通的跨座式单轨交通系统；上海浦东龙阳路至浦东机场开通了磁悬浮高速线；广州和北京已建成或正在建设直线电机驱动的城轨车辆交通线路；北京机场内正在建设全自动化的新交通系统（APM）等。

进入20世纪90年代以来，我国城市轨道交通进入了一个快速发展期，建设规模之大是世界城市轨道交通发展史上少有的，凸显了后发之势。目前，我国的城市轨道交通进入了大规模建设的高峰时期。

进入21世纪以来，随着大城市交通问题的日益突出，大力发展城市轨道交通已成共识。城市轨道交通的建设也进入了新的高潮期，发展态势更为迅猛，全国48个百万人口以上的大城市中已有30多个城市开展了城市轨道交通的建设和筹建工作，据有关课题组初步统计，近期规划建设55条线路，长约1700km，总投资达到6000多亿元，远期线网总长将超过3000km。

1.2　城市轨道交通的分类

城市轨道交通包括地铁、轻轨、独轨、城市铁路、城市有轨电车、新交通系统等。

（1）地铁。地铁是一种大运量的轨道交通运输系统。单向高峰小时客运量为3万～7万人次。平均运营速度为30～40km/h，站间距离一般为1.0～1.8km，在市区外宜用2km。采用钢轮钢轨体系，标准轨距为1435mm。地铁主要在隧道中运行，也可穿出地面，在地上和高架桥上运行。地铁的特征是运量大，建设费用大，周期长，成本回收慢。图1-1和图1-2所示分别为东京地铁和哥本哈根地铁。

图 1-1　东京地铁

图 1-2　哥本哈根地铁

（2）轻轨。轻轨是一种中运量的轨道交通运输系统。单向高峰小时客运量为 1 万～3 万人次。平均运营速度是 20～30km/h，站间距离一般为 1.0～1.6km。采用钢轮钢轨体系，标准轨距为 1435mm。主要在地面或高架桥上运行，也可在地下运行。

（3）独轨。独轨交通也称独轨铁道，是指车辆在一根轨道上运行的一种轨道交通系统。通常分为跨座式和悬挂式两种，如图 1-3 所示。跨座式是车辆跨坐在轨道梁上行驶，悬挂式是车辆悬挂在轨道梁下方行驶。

(a)

(b)

图 1-3　独轨交通

(a) 跨座式；(b) 悬挂式

独轨交通的优点是：①独轨铁路线路，占地小，可充分利用城市空间，适宜于在大城市的繁华中心区建线，对城市景观及日照影响小；②独轨线路构造较简单，建设费用低，为地铁的 1/3 左右；③能实现大坡度和小曲线半径运行，可绕行城市的建筑物。

独轨交通的缺点是能耗大、运能较小、道岔结构复杂、笨重等。

（4）城市铁路。所谓城市铁路，指的是建在城市内部或内外结合部，线路设施与干线铁路基本相同，服务对象以城市公共交通客流，即短途、通勤旅客为主，而不是如干线铁路一样承担城际或省际的客货交流任务。通常把城市铁路分成两部分：

1）市郊铁路：主要指把城市与郊区连接在一起的铁路，一般和干线铁路没有联络线，而且设备与干线铁路相同，线路大多控在地面，其运行特点接近干线铁路，只是服务对象

图1-4 有轨电车

不同。

2）城市快速铁路：通常指运营在城市中心，包括近郊城市化地区的轨道交通系统，其线路采用电气化，运行速度为 40～50km/h，与地面交通大多采用立体交叉。

市郊铁路是城市铁路的主要形式。

（5）城市有轨电车。新型有轨电车是介于公共汽车与地铁间的一种低运量的轨道交通系统。有轨电车通常采用地面线，有时有隔离的专用路基和轨道，隧道或高架区间仅在交通拥挤的地带才被采用。

1.3 供电系统功能

1.3.1 供电系统概述

城市轨道交通供电系统是城市轨道交通的动力能源，一般包括牵引供电系统、动力照明供电系统和高压电源系统。牵引供电系统供给电动车辆运行的电能，由牵引变电所和接触网组成。动力照明供电系统提供车站和区间各类照明，扶梯、风机、水泵等动力机械设备电源和通信、信号、自动化等设备电源，由降压变电所和动力照明配电线路组成。高压电源系统要视各城市情况而定，它可以是城市市电直接供给城市轨道交通线路的各变电所，也可以由城市高压供电线路集中供电给城市轨道交通线路，然后由电源变电所再分配给城市轨道交通沿线各变电所，还可以是这两种情况的综合。

图1-5 所示为城市电网一次电力系统和城市轨道交通供电系统图。图1-5 中，虚线 1 以上为电网高电压电力系统，虚线 1 和虚线 2 之间为中压电力系统，虚线 2 以下为牵引供电系统。

城市轨道交通的供电电源一般取自城市电网，通过城市电网一次电力系统和轨道交通供电系统实现输送或变换，最后以适当的电压等级和一定的电流形式（直流或交流电）供给用电系统。

城市电网一次电力系统由国家电力部门建造与管理，它包括发电厂、传输线和区域变电所。发电厂是发出电能的中心，一般可分为火力发电厂、水力发电厂、原子能核电厂等。发电厂的发电机发出的电能，要先经过升压变压器升高电压，然后以 110kV、220kV 或更高的电压，通过三相传输线输送到区域变电所。在区域变电所中，电能先经过降压变压器把 110kV 或 220kV 的高压降低等级（如 10kV 或 35kV），再经过三相输电线输送给本区域内的牵引变电所和降压变电所，并再降为城市轨道交通所需的电压等级（如 1500V、380V 等）。

在地铁供电系统中，根据实际需要，也可以专设高压主变电所。发电厂或区域变电所对城市轨道交通主变电所供电，经主变电所降压后，分别以不同的电压等级对牵引变电所和降压变电所供电。

1.3.2 系统总体功能

（1）全方位的供电服务功能。系统应保证城市轨道交通所有电气用户安全可靠地用电。

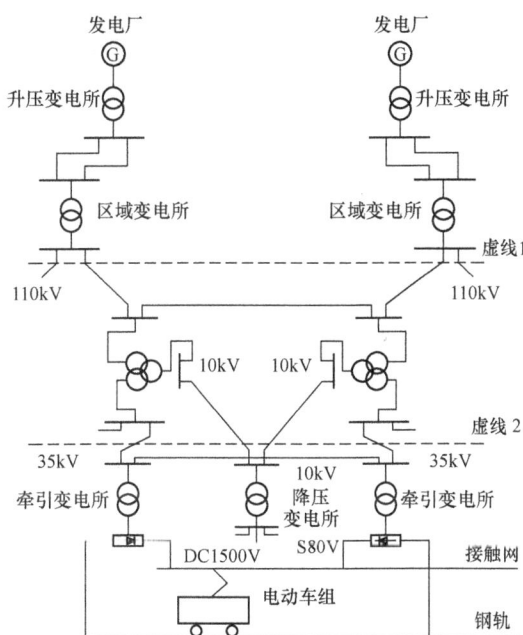

图 1-5　电力系统和城市轨道交通供电系统示意

（2）故障自救功能。在供电系统中，当发生任意一种故障时，系统本身应有备用措施（接触网除外），保证城市轨道交通的正常运行。

（3）自我保护功能。系统应有完整、协调的保护措施。当发生故障时，只切除故障设备，缩小故障范围。

（4）防止误操作功能。系统任意环节的操作都应有相应的连锁条件，不允许因误操作而导致发生故障。

（5）方便的调度功能。系统应能在控制中心进行远程控制、监视和测量，并根据运行需要，能够进行方便的调度。

（6）完善的控制、显示、计量功能。系统各环节的运行状态应有明确的显示，各种电量的测量和电能的计量应准确无误。

（7）电磁兼容功能。各种电气和电子设备的系统内部应具有电磁兼容功能。

1.3.3　系统基本要求

城市轨道供电系统应满足以下要求：

（1）安全性。安全性是指城市轨道交通运营过程中的安全程度。

（2）可靠性。可靠性是指城市轨道交通供电系统对机车和各种动力照明用电负荷的持续供电能力。

（3）适用性。适用性是指城市轨道交通供电系统的建设应满足业主的建设目的和性能要求。

（4）经济性。经济性是指城市轨道交通供电系统应从项目全生命周期的角度实现供电系统费用的经济合理。

（5）先进性。先进性是指城市轨道交通供电系统应采用先进的设计理念、系统方案、设备、工艺、管理手段等。

1.4 供电系统构成

1.4.1 按系统功能划分

按照功能的不同，城市轨道交通供电系统一般划分为以下几个部分：

(1) 外部电源。外部电源是指外部城市电网电源。

(2) 主变电所或电源开闭所。主变电所或电源开闭所是将来自城市电网的高压电源降成地铁使用的中压，供给牵引供电系统和动力照明系统。

(3) 牵引供电系统。牵引供电系统将来自主变电所的中压电源通过牵引中压网络分配给牵引变电所，并通过牵引变电所降压整流，变成供地铁车辆使用的直流电源。

(4) 动力照明供电系统。动力照明供电系统将来自主变电所的中压电源，通过动力照明中压网络分配给降压变电所，并通过降压变电所降压，变成供地铁动力照明等设备使用的低压电源。该电源通过低压配电系统供动力照明等设备使用。

部分工程动力照明中压网络与牵引中压网络共用一个中压网络，归于牵引供电系统，低压配电系统和动力照明系统相对独立。这里的动力照明配电系统主要指降压变电所及牵引降压混合变电所中的降压部分。

(5) 杂散电流腐蚀防护系统。杂散电流防护系统由杂散电流隔离系统、杂散电流排流系统、杂散电流监测系统几部分组成，其目的是减少杂散电流对土建结构钢筋和其他设备的腐蚀。

(6) 电力监控系统。电力监控系统是在控制中心，通过调度端（控制中心）、通道、执行端（RTU），对整个地铁供电系统的主要设备进行控制、监视和测量。

以上各部分的关系如图 1-6 所示。

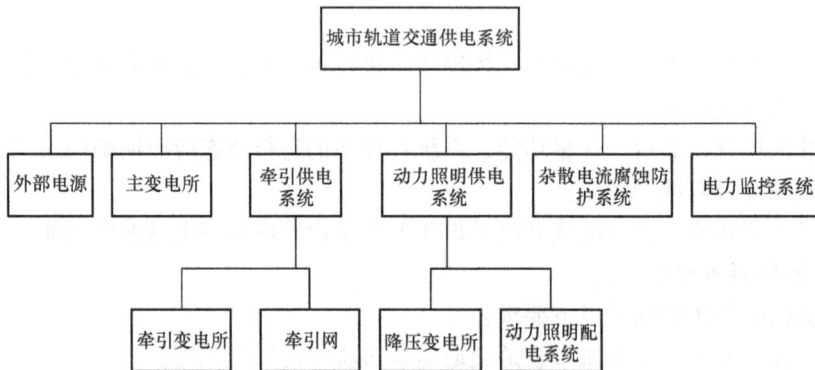

图 1-6 城市轨道交通供电系统组成

下面仅对牵引供电系统做简单介绍。

牵引供电系统的功能是将交流中压电压经降压整流变成 DC1500V 或 DC750V 电压，为电动列车提供牵引供电。它包括牵引变电所和牵引网。地铁牵引供电系统示意如图 1-7 所示。

(1) 牵引变电所。由于城市轨道交通电动车辆是以一定的速度沿区间运行的，供给一定区段内牵引电能的变电所称为牵引变电所。牵引变电所从城市轨道交通供电系统中的主变电

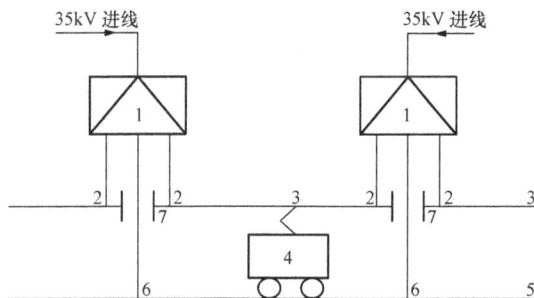

图 1-7　地铁牵引供电系统示意

1—牵引变电所；2—馈电线；3—接触网；4—电动列车；5—钢轨；6—回流线；7—电分段

所获得电能，经过降压和整流变成车辆所需要的直流电，承担着向电动列车提供直流牵引电能的功能。根据运行的需要，牵引变电所可以以双机组运行或单机组运行，并对牵引网实行双边供电或大双边供电。牵引供电系统中，一座或相隔的多座牵引变电所退出运行时，不应影响城市轨道交通的运输能力。

牵引变电所从主变电所获得电能，两路 35kV 进线接入牵引变压器。牵引变压器一般采用三线圈变压器，两个二次线圈和整流器组成多相整流，可以获得比较平滑的直流电，并可以降低交流正弦波形畸变和谐波干扰的问题。整流器输出的直流电正极（＋）经直流快速断路器接到直流侧的正母线上，负极（－）经开关接到负母线上。接到正母线上的馈线经直流快速断路器将电能送到隔离开关后再送到接触网（轨）上。负母线经开关与回流线和走行轨接通。城市轨道交通电动车辆的受流器与接触网（轨）接触滑行时，即可获得直流电能。

（2）牵引网。牵引网是接触网、馈电线、轨道和回流线的总称。主要功能是安全可靠地向列车提供电能，并满足对地绝缘的要求。接触网分为架空线式和接触轨式。架空接触网按悬挂形式的不同，可以分为柔性架空接触网和刚性架空接触网，可简称为柔性悬挂和刚性悬挂。接触轨，又称第三轨或简称三轨。接触轨系统是沿线路敷设的专为电动车辆授给电能的系统。该部分的详细介绍见第 9 章。

1.4.2　按设计任务划分

为便于设计任务的分割，城市轨道交通供电系统一般划分为以下几个部分：主变电所、全线系统、牵引变电所、降压变电所、接触网、电力监控系统、杂散电流腐蚀防护系统。

1.5　牵引网供电制式

1.5.1　牵引网供电制式概述

牵引网供电制式主要指电流制式、电压制式、馈电方式。

（1）牵引网系统的电流制式。直流馈电相对于交流馈电而言，其电动车辆具有调速范围大、调速方便、易控制、启制动平稳、接触网简单、投资省、电压质量高等优点。目前，车辆无论采用直流牵引电动机、交流牵引电动机还是线性电动机驱动方式，基本上都采用直流制。

（2）牵引网系统的电压制式。目前，世界上城市轨道交通中的直流牵引电压等级繁多，如 600、700、750、900、1000、1500V 等。国家标准规定为 750、1500V 两种，其电压允许波动范围为 500~900V，1000~1800V。

（3）牵引网系统馈电方式。牵引网系统馈电方式有架空接触网和接触轨两种方式。馈电方式与电压等级的选择应结合起来，统一考虑。我国牵引网供电制式可以选择以下四种方式：直流 1500V 架空接触网、直流 1500V 接触轨、直流 750V 架空接触网、直流 750V 接触轨。

我国牵引网的接触轨电压等级已由 750V 发展为 1500V，接触轨悬挂方式由上部接触向着下部接触发展过渡。同时在柔性架空接触网的基础上，刚性架空接触网在国内也得到了应用。

1.5.2 供电制式的选择原则

（1）供电制式与客流量相适应。客流量是轨道交通设计的基础。应根据预测客流量大小，选择适用的电动客车类型和列车编组数量。一般大运量轨道交通系统采用 DC1500V 电压和架空接触网馈电，中运量系统采用 DC750V 和接触轨馈电方式。

（2）供电安全可靠。轨道交通是城市交通的骨干，一旦牵引网发生故障造成列车停运，就会影响市民出行，引起城市交通混乱。因此，安全可靠是选择供电制式的最重要条件。

（3）便于安装和事故抢修。选用的牵引网应便于施工安装和日常维修，一旦发生故障时应便于抢修，尽快恢复运营。

（4）牵引网使用寿命长，维修工作量小。这是降低轨道交通运营成本的重要条件。

（5）注重环境和景观效果。这是作为城市基础设施必须坚持的原则。

习　题

1-1　城市轨道交通的特点是什么？

1-2　城市轨道交通有哪些类型？各有什么特点？

1-3　城市轨道交通供电系统的功能及要求是什么？

1-4　城市轨道交通供电系统由哪些部分组成？各组成部分的作用是什么？

1-5　城市轨道交通供电制式的选择原则有哪些？

2 外 部 电 源

城市轨道交通供电系统实际上由两大部分组成：一部分为外部电源，即城市电网；一部分为城市轨道交通内部供电系统，即通常所说的供电系统。内部供电系统包括主变电所、牵引供电系统、动力照明供电系统和电力监控系统。其中，牵引供电系统包括牵引变电所和牵引网两大部分，动力照明供电系统包括降压变电所与动力照明配电系统。

城市轨道交通作为城市电网的一个用户，一般都直接从城市电网取得电能，无需单独建设电厂；城市电网也把地铁看成一个重要用户。城市轨道交通通过城市电网一次电力系统和轨道交通供电系统实现输送或变换，最后以适当的电压等级和一定的电流形式（直流或交流电）供给用电系统。城市电网对城市轨道交通供电的电压等级有 110、66、10kV 等，究竟采用哪一种电压等级，由不同城市的电网构成和城市轨道交通的实际需要而定。

2.1 外部电源方案的形式

城市轨道交通线路的用电负荷呈线状分布，大量供电牵引整流机组的配电变压器沿轨道交通分散设置。这种负荷分布通常有三种外部电源方案的形式，即城市电网对城市轨道交通的供电方式有三种：集中式供电、分散式供电和混合式供电。

2.1.1 集中式供电

所谓集中式供电方案，是指在城市轨道交通沿线集中设置若干座轨道交通专用的高压变电所（即主变电所），每座主变电所由城市电网提供两路独立可靠的电源，再经主变电所降压后集中对轨道交通沿线的牵引变电所、降压变电所提供中压电源，如图 2-1 所示。

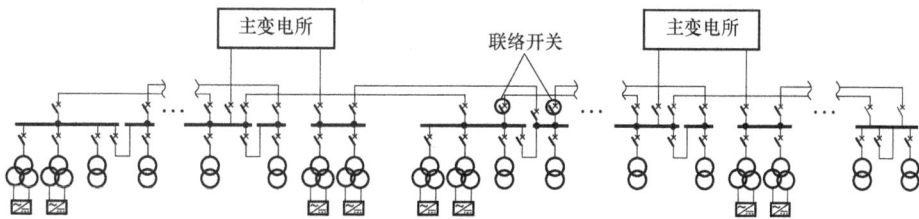

图 2-1 集中式供电示意

集中式供电方案的主要特点如下：

（1）在城市轨道交通沿线建设专用主变电所，集中为牵引变电所及降压变电所供电。

（2）城轨供电系统从城市电网引入高压电源，与城市电网接口比较少，每座主变电所直接从城市电网引入两路独立进线电源，外部电源电压等级一般为 110kV。

（3）城轨供电系统相对独立，自成系统，便于运营管理。

上海、广州、南京、香港、西安地铁等均为集中式供电方案。

2.1.2 分散式供电

所谓分散式供电方案，是指沿线分散引入城市中压电源直接（或通过电源开闭所间接）

为牵引变电所及降压变电所供电的外部供电方式，如图 2 - 2 所示。分散式供电一般从城市电网引入 10kV 中压电源，这要求城市轨道交通沿线有足够的电源引入点及备用容量。从沿线就近引来的城市电网中压电源，经电源开闭所母线向牵引变电所和降压变电所提供中压电源。一般情况下，两个电源开闭所之间需要建立电源联系，即两个电源开闭所之间的供电分区间通过双环网电缆进行联络。

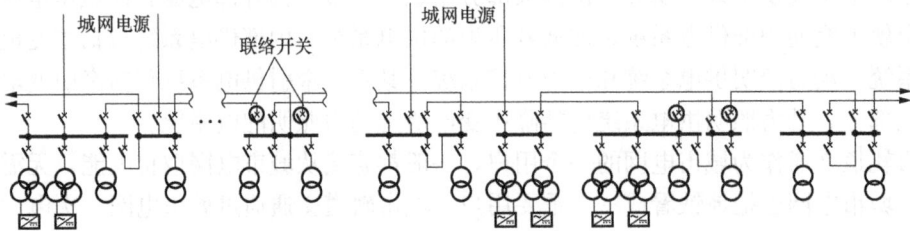

图 2 - 2　分散式供电示意

分散式供电方案的主要特点如下：

（1）在城市轨道交通沿线，直接从城市电网分散地引入多路中压电源作为城市轨道交通电源。

（2）城轨供电系统从城市电网引入中压电源，与城市电网接口比较多，平均每 4 或 5 个站就要引入两路电源。外部电源电压等级多为 10kV 电压等级，也有少量的 35kV 电压级。

（3）城轨供电系统与城市电网关系紧密，独立性差，运营管理相对复杂。分散式供电方案最早应用于北京地铁 1、2 号线。

长春轻轨、大连轻轨，以及北京地铁 4、5、9 号线一期等为分散式供电方案。

2.1.3　混合式供电

所谓混合式供电方案，多指以集中式供电为主以分散式供电为辅的供电方式，如图 2 - 3 所示。混合式供电方案是介于集中供电方案和分散式供电方案的一种结合方案，根据城市电网现状、规划及城市轨道交通自身的需要，吸收了集中式供电和分散式供电的各自优点，系统方案灵活，使供电系统完善可靠。

武汉轨道交通一期工程、北京地铁 10 号线二期工程采用了混合式供电方案。

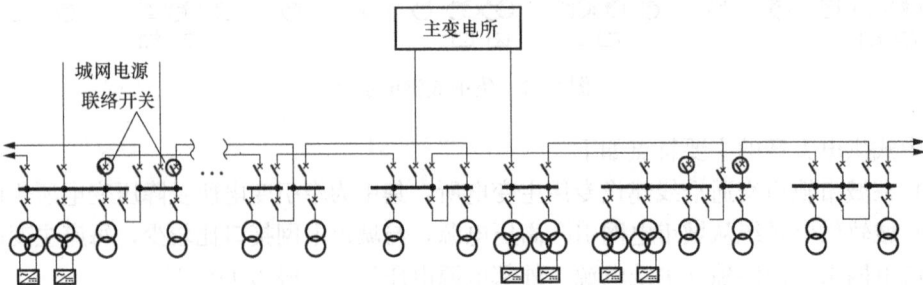

图 2 - 3　混合式供电示意

2.2 集中和分散两种供电方式的比较

本节主要从以下几个方面对集中和分散两种供电方式进行比较。

2.2.1 供电质量的比较

集中式供电引自城网高压电网（如 110kV），电压等级高，输电容量大，系统短路容量大，抗干扰能力强，电网电压波动小。且城轨主变电所一般装设有载调压装置，因此中压侧电压稳定，供电质量高。

分散式供电引自城市 10kV 电网，一般从距离较近的城网变电所引入，电压等级较低，输电线路较短，线路损耗较少，电网电压波动较大。如果采用分散供电的方式，应首先了解该城市 10kV 电网的电压波动情况，如果波动较大，应尽量避免采用该供电方式。如果坚持采用分散式供电方式，应采取相应的技术措施来弥补不足之处，例如增大变压器容量以提高过载能力，或增加有载调压装置以减小系统电压波动对地铁供电系统的影响。

2.2.2 供电可靠性的比较

采用分散式供电方式时，城市轨道交通开闭所需从城网直接引入两路独立电源（10kV）。该接线方式虽然满足系统可靠性要求，但由于城网 10kV 系统接入用户较多，各种用户负荷差异较大，且 10kV 系统处于城网继电保护的中、末端，因此，城市轨道交通供电系统的运行难免会受到其他用户的干扰。另外，分散供电平均每 4 或 5 个车站就要引入两路独立电源，这就要求城市轨道交通沿线有足够的电源引入点及备用容量，1 条线路要对应城市的多个供电部门，管理比较复杂。

采用集中式供电方式时，由于主变电所进线电压等级较高，电气设备的绝缘等级、制造工艺水平、继电保护配置等都比较高，设备及线路故障率相对较低；同时，主变电所与城网接口较少，形成相对完整独立的轨道交通供电系统网络和供电调度管理系统。城市其他负荷对城市轨道交通供电系统干扰较小，减少了与城市供电部门的调度管理接口，有利于故障情况下的电力资源调配，能够提高故障状态下处理问题的速度，使轨道交通安全、可靠、高效运行，所以系统可靠性相对较高。

2.2.3 中压网络电压的比较

轨道交通的中压供电网是指主变电所主变低压侧馈出至牵引、降压变电所的纵向连接，和全线的牵引、降压变电所之间横向连接的供电网。

采用分散式供电方式时，中压网络的电压等级受到城网电压等级的制约，必须选择与城网相同的电压等级。目前我国城网多为 10kV 电压等级，因此轨道交通多采用 10kV 电压等级的分散式供电方式。

采用集中式供电方式时，中压网络的电压等级不受城网电压等级的制约，可根据轨道交通的用电负荷、供电距离等情况综合比选确定。目前集中式供电的中压网络电压等级多为 35kV，既可提高系统的供电能力与供电可靠性，又可降低供电线路的功率损耗。

2.2.4 对城市电网影响的比较

电力牵引系统对城市电网的影响主要表现在谐波影响和网压波动两个方面。例如铁路交流牵引系统产生的谐波含量就比较高，谐波治理是铁路供电部门研究的重要课题之一。

我国地铁牵引系统均为直流牵引，只是采用电压等级的不同。目前许多城市采用等效

24 脉波整流装置，例如北京的城市铁路（13 号线）和八通线、天津的滨海轻轨等项目，采用的就是该整流方式。部分城市为了节省资金，采用了 12 脉波的整流方式，如上海轨道交通 3 号线一期工程。但上海轨道交通 3 号线一期工程也有个别变电所使用 24 脉波整流机组挂网运行。

由谐波理论可知，整流机组的脉波数越高，产生的低次谐波就越少。因此，无论采用集中供电方式还是分散供电方式，地铁直流牵引系统注入城市电网的谐波含量都非常低，对城市电网影响非常小。但是两种方式相比较，采用集中供电方式时，高次谐波经过多级变电所变换、分流以后，注入城市电网的谐波含量将会更少。

在网压波动方面，由于城市轨道交通牵引系统是一个实时变化的移动负荷，电源电压将会受到很大的影响。采用分散式供电方式时，牵引变电所直接接入城网 10kV 系统，牵引负荷产生的网压波动经过一级变压器转换后就会波及与城市轨道交通接入同一供电系统的其他用户，当该变压器容量较小时，产生的影响就会更明显。采用集中式供电方式时，由于其供电系统是一个相对完整独立的系统，牵引负荷产生的电压波动和闪变在牵引供电系统内部经过两级变压器的转换，使其逐渐变得平衡，对城网其他用户的影响相对要小得多。

2.2.5　资源共享的比较

采用集中式供电，有利于主变电所电力资源共享的实施。例如，两条及以上的城市轨道交通线路可以共享一个主变电所。

分散供电方式主要用于中压网络资源丰富的城市。分散供电方式可以充分利用既有外部城网中压资源，节省主变电所建设费用。

2.2.6　工程实施的难易度比较

采用分散式供电方式时，由于与城网接口较多，难免有部分电源电缆的敷设路径难以解决，尤其在老城区，地面建筑拥挤复杂，地下各种管线及构筑物交错庞杂，电缆路径更是难以解决。如果改变开闭所位置或电源电缆路径，供电质量与末端电压又难以保证。另外，老城区地方变电站负荷相对饱和，如果新增城市轨道交通这样的大用户，供电容量有时也难以满足需求，势必要改建、扩建或新建部分供电局地区变电所。

采用集中式供电方式时，主变电所与城网接口较少，电源电缆敷设路径相对较少，因此，建设单位与城市规划部门、城市供电局的协调工作也相对较少，城市供电局的用电申请操作也便于协调实施，受其制约也较少，工程更易于实施。

2.2.7　运营管理的比较

采用分散式供电方式时，因城市轨道交通供电系统的外电源引入点往往涉及城市多个行政区域，与城网的接口较多，如果牵引供电系统发生故障需要改变运行方式，则需要与相关城区供电局协调配合，才能改变其运行方式，工作效率明显降低。另外，开闭所进线开关与分段开关作为城网的馈线，受城市供电局的管理与制约，城市轨道交通内部操作不方便。

采用集中式供电方式时，城市轨道交通供电系统与城网的接口较少，系统相对独立，如果牵引供电系统发生故障需改变运行方式时属于系统内部调整，操作方便，易于调度，工作效率较高。

另外，集中式供电与分散式供电相比较，还有一些明显的优点，如电力部门与城市轨道交通产权划分明晰、计量计费方便、维护维修简单等。集中式供电方式和分散式供电方式的优缺点综合比较见表 2-1。

表 2-1 两种供电方式的比较

项目	集中供电方式	分散供电方式
供电可靠性	可靠性、安全性高，受外部电网影响小，有利于形成轨道交通供电网，供电资源共享，进一步提高了供电可靠性	与众多的负荷出线引接在一条公用母线上，供电可靠性受影响
调度	与公用电网的连接点少，运行、调度、管理方便	与公用电网连接点多，运行、调度、管理不便
经济性	对交叉或临近线路供电，能进行综合优化，节约投资及土地资源，达到资源共享；对近、远期不同期建设的线路供电方案能进行优化，做到远近结合；充分利用公用电网的电力资源；节约优化使用公用电网出线间隔	没有能力对交叉或临近线路，以及近、远不同期建设的线路供电方案进行综合优化；公用电网需提供大量出线间隔，可能影响社会用电间隔需求
需公用电网提供的备用	受电点少，要求公用电网提供的备用容量降低	受电点多，各分散受电点备用之和比集中供电方式大
业务管理	计量收费工作简化	计量收费工作量增加
电源间隔	需公用电网提供的出线间隔少	需公用电网提供的出线间隔多
电缆敷设	隧道外电缆敷设量少，通道易解决，隧道内敷设量多，有利于电缆的施工和维护	由于线路回数多，隧道外电缆敷设量增加，不利于电缆施工和维护
变电站占地面积	主变电所需占用土地	不建设主变电所
运行	便于集中管理，调度管理亦相对容易；电网损耗也相对低	分散管理，管理难度较大；电网损耗大
电能质量	与公用电网相互影响小，可监测和处理谐波源	与公用电网相互影响较大，可造成电网污染
投资建设	需建设主变电所、电力通道，投资相对较高	若不涉及对公用电网改造及增容，则投资较低

2.3 电源外线的设计原则

2.3.1 外部电源的电压等级

根据 GB/T 156—2007《标准电压》，我国现行的电网标准电压等级有 750、500、330、220、110、66、35、10、6、3kV 等 13 个等级。

2.3.2 电源外线的一般设计原则

（1）电源外线应就近从城网引至主变电所。

（2）对于分散式供电方案，引至同一电源开闭所的两回电源线路应从城网变电所不同的馈电母线直接引入。

（3）对于集中式供电方案，引至同一主变电所的两回电源线路至少有一回直接从城网变电所馈电母线专用回路引入。

（4）对于电缆线路，引至同一电源变电所的两回电源线路应敷设在不同的电缆通路或同一通路的不同支架和管道内。

2.4　谐波的分析及治理

城市轨道交通中存在非线性负载，如整流机组、荧光灯、UPS 电源、变频器等，均产生大量的谐波，使电力系统的正弦波畸变，电能质量降低。

对城市轨道交通牵引供电系统谐波抑制的研究由来已久，人们一直在探索怎样将供电系统的谐波降低到最低程度。现在国内在这方面的研究主要包括：

（1）将电力系统中滤波、无功补偿等措施应用到城市轨道交通中来，不断对滤波装置的结构和参数进行优化，并且采用计算机软件程序根据客流量的变化对谐波电流做出预测和分析，控制滤波装置的参数相应地发生变化。

（2）由于直流侧的谐波对地铁车辆信号会产生相当大的干扰，故由 12 脉波整流逐步过渡到 24 脉波整流，这样无论是交流侧还是直流侧的谐波都大为减小，是一种主动式的谐波抑制方式。这种通过改进创新整流变压器和整流器（即整流机组）的主动式谐波抑制方式效果非常明显。

地铁主变电站注入电力系统的谐波电流应符合 GB/T 14549—1993 的要求。

2.4.1　谐波相关的概念

（1）谐波（分量）。对周期性交流量进行傅里叶级数分析，得到的频率为基波频率大于 1 的整数倍的分量称为谐波。

（2）谐波次数。谐波次数是指谐波频率与基波频率的整数比，可以分为偶次谐波和奇次谐波。

（3）谐波源。城市轨道交通供电系统中的谐波源主要有两种。

1）牵引供电系统谐波。牵引供电系统谐波是整流机组产生整流谐波，分为特征谐波和非特征谐波。

整流相数（脉波数）越多，整流电压越平稳。

2）动力照明系统谐波。例如荧光灯、UPS 电源、变频器、电容器等。

2.4.2　谐波产生的原因

地铁供电系统中的波形畸变主要来源于车辆牵引供电的整流、逆变装置，其次是直流电源成套装置及其他电子装置。由此可见，非线性负荷接至供电系统及供电系统中存在非线性元件，是造成电网电压、电流波形畸变的根本原因。

2.4.3　谐波的危害

谐波的危害主要表现在以下几个方面：

（1）整流机组直流侧谐波电压严重干扰了地铁系统的信号、通信系统，使钢轨电位升高，影响地铁车辆的正常运行。

（2）电网中的谐波电压和谐波电流对机车驱动电机产生干扰，影响机车安全可靠运行。

（3）电流在输电线路阻抗上的压降会使电网电压（原来是正弦）发生畸变，影响各种电气设备的正常工作。

（4）谐波会造成输电线路故障，使变电设备损坏。例如，线路和配电变压器过热、过载；在高压远距离输电系统中，谐波电流会使变压器的感抗与系统的容抗发生 LC 谐振；在三相电路中，中线电流是三相三次谐波电流的叠加。因此，谐波电流会使中线电流过流而损坏。

（5）谐波影响用电设备。例如，谐波对电机除增加附加损耗外，还会产生附加谐波转矩、机械振动等，这些都会严重影响电机的正常运行。

（6）测量仪表附加谐波误差。常规的测量仪表是设计并工作在正弦电压、正弦电流波形情况下的，因此，在测量正弦电压和电流时能保证精确度。但是，这些仪表用于测量非正弦量时，会产生附加误差，影响测量精度。由此可见谐波的产生破坏了以相量分析和正弦波为基础的输配电原理和系统运行。

2.4.4 谐波的治理

所谓消除电力系统谐波的措施，就是限制谐波发生源注入电网的谐波含量，把电力系统中的谐波含量控制在允许范围内的各种措施。限制电网谐波的主要措施有多脉冲整流电路、无源滤波器、有源滤波器及三相功率因数校正电路等。城市轨道交通供电系统在谐波抑制方面通常采取以下措施：

（1）通过供电系统的供电方式对系统谐波进行抑制。轨道交通供电系统大多采用集中供电方式，采用 3 级供电，可以减小谐波对电网的影响。采用 110kV 电源供给主变电所，将 110kV 降至 33kV 后供给牵引变电所，这样变压器对由轨道交通供电系统产生的高次谐波起到隔离抑制作用，使城市电网受到的谐波分量减小。变压器（33kV/0.4kV）对由牵引整流装置产生的高次谐波起到隔离抑制作用，使车站动力、照明电源受谐波电流影响较小。

（2）增加整流装置的脉动数，减少低次谐波，达到降低谐波的目的。牵引变电所现在大多采用 24 脉波整流装置代替 12 脉波整流装置，即采用两套带移相线圈的 12 脉波牵引整流机组，正常情况下，两台机组并联运行，形成 24 脉波整流。

城市轨道交通中用到的有 6、12 和 24 脉波整流电路，其中 24 脉波整流电路应用较多。

（3）在谐波源处安装滤波器，吸收谐波。滤波器的类型、组数及调谐频率应根据具体情况选定。例如，为缩小投资规模，建议在 33kV 侧装设能分别消除 5 次和 11 次谐波的调谐滤波电路，所设的滤波装置同时对 7 次和 13 次等邻近的谐波也能有效抑制，使整个地铁的供电网符合国家标准所规定的要求。无源滤波器加在整流器和电网之间，吸收各类无功电流，防止整流器产生的谐波干扰电网，也防止电网中的谐波干扰整流器，功率因数补偿效果较好。无源滤波器也可以看作是一个储能网络，向整流器提供较大的瞬时能量，达到补偿电网电流波形的目的。

这种方法对抑制高次谐波很有效，但滤波设备体积庞大，成本高，而且运行情况受系统阻抗的影响，因而滤波器应有良好的阻尼特性，否则很可能会与系统电抗产生并联谐振，同时也影响电网阻抗。这种滤波装置在有些城市的城市轨道交通中被采用，但是它只适用于电路输出功率特别大的场合，在一般情况下就不再适用。

（4）在 0.4kV 电网中增加谐波回路，可消除高次谐波。在轨道交通降压变电所里，0.4kV 两段母线处装设电容器组进行集中补偿，补偿电容器容量选择应将滤波电容器及长电缆的电容效应考虑在内。在具有非线性用电设备的 0.4kV 电网中进行无功功率补偿，除了装设电容器外，还应在电容器前面串接扼流线圈，从而构成一个 LC 串联谐振电路。通过谐振电路的调整，使谐振频率低于 5 次谐波，或者说使谐振频率低于 0.4kV 电网中出现的最低谐波频率。

如前所述，虽然传统的高功率因数校正、多相整流技术体积大、成本高且控制复杂，但由于它可以消除负载中的高次谐波对电网造成的冲击，故现阶段城市轨道交通系统全部采用多相整流技术。

习　题

2-1　城市电网对城市轨道交通的供电方式有哪几种？各自的特点是什么？分别适用于什么场合？

2-2　对集中和分散两种供电方式进行比较，各有什么特点？

2-3　我国现行的电网标准电压等级有哪些？

2-4　城市轨道交通供电系统中，谐波产生的原因有哪些？谐波有哪些危害？

2-5　城市轨道交通供电系统在谐波抑制方面通常采取哪些措施？

3 变电所的主要电气设备

3.1 变电所电气设备的分类

3.1.1 按电气设备所属电路性质分类

变电所内的电气设备按所属电路性质分为两大类:一次高压电路中所有的电气设备,即一次设备;二次控制、信号和测量电路中的所有电气设备,即二次设备。

1. 一次设备

通常把转换与分配电能的设备和载流导体,如变压器、整流器、断路器、隔离开关等称为一次电气设备。一次设备按其在一次电路中的功用又可分为变换设备、控制设备、保护设备、补偿设备、成套设备等类型。

(1)变换设备。变换设备是指用以变换电能电压或电流的设备,如电力变压器、整流器、电压互感器、电流互感器等。

(2)控制设备。控制设备是指用以控制电路通断的设备,如各种高、低压开关设备。

(3)保护设备。保护设备是指用以防护电路过电流或过电压的设备,如各种高、低压熔断器和避雷器等。

(4)补偿设备。补偿设备是指用以补偿电路的无功功率以提高系统功率因数的设备,如高、低压电容器,静止无功补偿装置等。

(5)成套设备。成套设备是指按一定的线路方案将有关一次、二次设备组合而成的设备,如高压开关柜,低压配电屏,高、低压电容器柜,成套变电站等。

2. 二次设备

在二次电路中,用来控制、指示、测量和保护一次设备的电气设备,称为二次设备。虽然它不直接参与电能的生产和分配过程,但是它对主体设备的正常、有序地工作和产生经济效益,起着十分重要的作用。按其在二次电路中的功用可分为以下几类:

(1)测量仪表。用于测量一次电路中运行参数的仪表称为测量仪表,如电压表、电流表、功率表、功率因数表等。

(2)继电保护及自动装置。用于迅速反映电气故障或不正常运行情况,并根据要求排除故障或做相应调节的装置,称为继电保护及自动装置,如各种继电器、自动装置等。

(3)信号设备。给出信号或显示运行状态标志的设备称为信号设备,如信号继电器、电笛、电铃、信号灯等。

(4)直流设备。用于供给保护、操作、信号及事故照明直流电源的设备称为直流设备,如直流发电机组、蓄电池、整流装置等。

3.1.2 按安装地点分类

按安装地点可分为屋内式电气设备和屋外式电气设备。

(1)屋内式电气设备:是指安装于屋内的电气设备,如屋内高低压开关设备、屋内变压器、互感器等。由于电气设备安装于屋内,所以受气候和环境的影响较小。

（2）屋外式电气设备：是指安装于屋外的电气设备，如屋外高低压开关设备、屋外变压器、互感器等。由于电气设备安装于屋外，所以受气候和环境的影响较大，运行条件较差，对其绝缘及密封要求较高。

3.1.3 按采用的绝缘介质分类

按采用的绝缘介质可分为油浸式电气设备、SF_6 电气设备、真空电气设备和干式电气设备。

（1）油浸式电气设备。用油作为绝缘介质的电气设备称为油浸式电气设备，如油浸式变压器、油浸式互感器、多油或少油断路器等。

（2）SF_6 电气设备。以 SF_6 气体作为绝缘介质的电气设备称为 SF_6 电气设备，如 SF_6 断路器、SF_6 变压器、SF_6 互感器、SF_6 电缆、SF_6 气体绝缘全封闭电气设备（GIS）等。

（3）真空电气设备。以真空作为绝缘介质的电气设备称为真空电气设备，如真空断路器、真空负荷开关、真空重合器等。

（4）干式电气设备。以环氧树脂等作为绝缘介质的电气设备称为干式电气设备，如干式变压器、干式互感器等。

本章主要介绍各种高压电气设备（一次设备）与开关设备。

3.2 变压器与整流机组

3.2.1 变压器

1. 变压器的工作原理

变压器主要包括铁芯和绕在铁芯上的两个（或以上）互相绝缘的绕组，绕组之间有磁耦合但没有电的联系。通常一侧绕组接交流电源，称为一次绕组，匝数为 N_1；另一侧绕组接电负载，称为二次绕组，匝数为 N_2。单相变压器工作原理如图 3-1 所示。

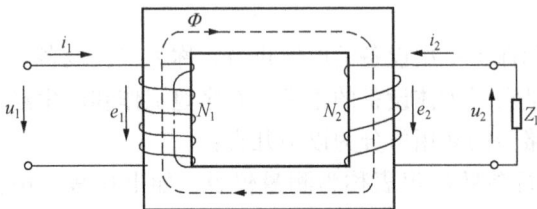

图 3-1　单相变压器工作原理示意

当在一次绕组加上合适的交流电源 u_1 时，一次绕组中就有交流电源 i_1 通过，由于 i_1 的励磁作用，将在铁芯中产生交变的主磁通 Φ。由于一、二次绕组绕在同一个铁芯上，所以主磁通同时和一、二次绕组交链。根据法拉第电磁感应定律，这个交变的主磁通分别在这两个绕组中产生感应电动势，即一次绕组的感应电动势 e_1 和二次绕组的感应电动势 e_2。这样二次绕组在感应电动势 e_2 的作用下，可向负载供电，实现能量的转换。

根据电磁感应原理，可得

$$e_1 = -N_1 \frac{\mathrm{d}\Phi}{\mathrm{d}t}$$
$$e_2 = -N_2 \frac{\mathrm{d}\Phi}{\mathrm{d}t}$$

$$(3-1)$$

忽略变压器的内阻抗不计，则感应电势等于端电压，即 $u_1 \approx e_1$，$u_2 \approx e_2$，所以一、二次绕组的端电压不同，大小与绕组的匝数成正比，即

$$\frac{u_1}{u_2} \approx \frac{e_1}{e_2} = \frac{N_1}{N_2} = K \qquad (3-2)$$

其中，K 为变压器的变比，改变变比即可改变输出电压的大小。

根据能量守恒原理，如果忽略变压器的内部能量损耗，则有二次绕组的输出功率等于一次绕组的输入功率，即

$$p_1 = p_2 = u_1 i_1 = u_2 i_2$$

所以

$$\frac{u_1}{u_2} = \frac{i_1}{i_2} = \frac{N_1}{N_2} \qquad (3-3)$$

由此可见，变压器在变换电压的同时，电流的大小也随之改变。

2. 变压器的基本结构

变压器是通过套装在同一铁芯上的两个或两个以上的绕组来进行工作的，因此变压器的基本构件是铁芯和绕组。对于油浸式电力变压器，还有油箱、变压器油、绝缘套管和其他结构附件。铁芯和绕组合称为变压器的器身。介绍变压器的铁芯和绕组。下面以常用的油浸式电力变压器为例，重点介绍变压器的铁芯和绕组。

(1) 铁芯。铁芯是变压器的磁路，又是变压器的机械骨架。为了减少铁芯中的磁滞损耗和涡流损耗，铁芯通常选用厚度为 0.27~0.35mm 的两面涂绝缘漆的砍钢片叠成。硅钢片的铁芯损耗小、磁导率高。

(2) 绕组。绕组是变压器的电路部分，通常用纸包的绝缘扁导线或漆包的圆导线绕制而成、导线通常为铜线，过去有时也用铝线。

变压器输入电能一侧的绕组称为一次绕组（或原边绕组），输出电能一侧的绕组称为二次绕组（或副边绕组）。一、二次绕组的匝数不等，通过电磁感应作用，一、二次绕组能得到不同的电压和电流，使电能从一次绕组传递到二次绕组。

(3) 油箱及变压器油。油箱是变压器的外壳，由钢板焊接而成。油箱内盛变压器油，器身浸在变压器油中。变压器油有绝缘和散热两个作用。绕组和铁芯所产生的热量由变压器油传递给油箱壁、散热管或散热器，从而冷却器身。

(4) 绝缘管套。绝缘管套是变压器绕组的引出线之间及引出线与油箱之间的绝缘，并起固定引出线的作用。

除此之外，通常油浸式电力变压器中还有储油柜、散热器、继电保护装置等附件，油浸式电力变压器的结构示意如图 3-2 所示。

3. 变压器的额定值

变压器的额定值是制造厂对变压器正常运行时所做的使用规定，也是设计、使用和试验变压器的依据。在额定状态下运行时，可以保证变压器长期可靠地工作，并具有优良的性能。

变压器的额定值主要包括：

(1) 额定容量 S_N。在规定的额定状态下变压器输出的视在功率，对于双绕组电力变压器，一、二次绕组的额定容量设计值相同。

(2) 额定电压 U_{1N} 和 U_{2N}。在规定的额定状态下，一次绕组所加的电压值，称为一次绕组的额定电压，用 U_{1N} 表示。高压绕组在指定分接位置上变压器一次绕组加额定电压 U_{1N}；

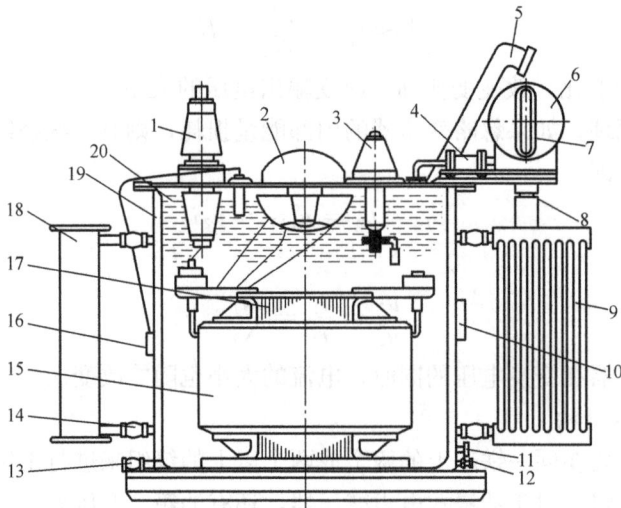

图 3-2 油浸式电力变压器结构示意

1—高压套管；2—分接开关；3—低压套管；4—气体继电器；5—安全气道；6—储油柜；7—油位计；8—吸湿器；
9—散热器；10—铭牌；11—接地螺栓；12—油样阀门；13—放油阀门；14—活门；15—绕组；
16—信号温度计；17—铁芯；18—净油器；19—油箱；20—变压器油

在二次绕组所得到的空载电压称为二次绕组的额定电压，用 U_{2N} 表示。电压的单位为 V 或 kV。三相变压器的额定电压是指线电压。

（3）额定电流 I_{1N} 和 I_{2N}。根据额定容量和额定电压所算出的线电流，单位为 A。

对于单相变压器，一、二次绕组的额定电流为

$$I_{1N} = \frac{S_N}{U_{1N}}, I_{2N} = \frac{S_N}{U_{2N}}$$

对于三相变压器，一、二次绕组的额定电流为

$$I_{1N} = \frac{S_N}{\sqrt{3}U_{1N}}, I_{2N} = \frac{S_N}{\sqrt{3}U_{2N}}$$

（4）额定频率 f_N。我国额定工频为 50Hz。

此外，额定工作状态下变压器的效率、温升等数据均属于额定值。由于变压器外壳的铭牌上，所以额定值也称为铭牌值。

3.2.2 整流机组

整流机组由变压器和整流器组成。整流机组是地铁牵引变电所最重要的设备，其作用是将中压电缆～35kV（或～33kV、～10kV）电压降为交流 1180V，再整流输出直流 1500V，并输送至接触网，实现直流牵引供电。整流机组的接线方式将对电网的质量有很大影响。下面就重点介绍整流机组的接线方式。

1. Dy11d0，Dy1d2 联结法

选择两台变压器，一台（T1）联结组别为 Dy11d0，另一台（T2）为 Dy1d2，其中 D 联结绕组为延边三角形，如图 3-3 所示。根据两台变压器的接线，可作出其相量图如图 3-4 和图 3-5 所示。

分析图 3-4 和图 3-5 的相量图可知，若以水平右方向为参考方向，则可得其他电压相

图 3-3 Dy11d0，Dy1d2 联结图

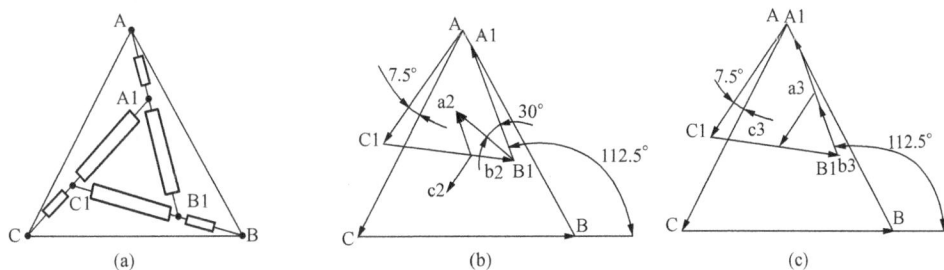

图 3-4 变压器 T1 的结构及向量图

(a) 一次侧 D 结绕组联结；(b) 二次侧 y 结绕组向量图；(c) 二次侧 d 结绕组向量图

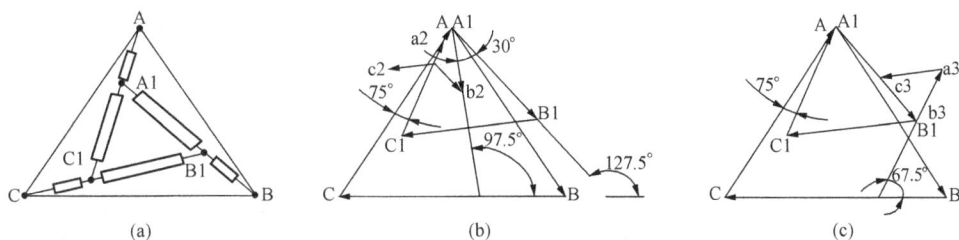

图 3-5 变压器 T2 的结构及向量图

(a) 一次侧 D 结绕组联结；(b) 二次侧 y 结绕组向量图；(c) 二次侧 d 结绕组向量图

量的相位角分别如下：

(1) 对于变压器 T1：一次侧电压相量 U_{A1B1} 的相位角为 112.5°；二次侧电压相量 U_{a2b2} 的相位角为 142.5°（y 结），U_{a3b3} 的相位角为 112.5°（d 结）。

(2) 对于变压器 T2：一次侧电压相量 U_{A1B1} 的相位角为 117.5°；二次侧电压相量 U_{a2b2} 的相位角为 97.5°（y 结），U_{a3b3} 的相位角为 67.5°（d 结）。

因此，两台变压器的向量关系图如图 3-6 所示。

2. 整流机组的输出波形

两台变压器分别接入整流器整流，构成两台整流机组，1 号整流机组由变压器 T1 和整流器组成，2 号整流机组由变压器 T2 和整流器组成，各自接入的整流器如图 3-7 所示。如

果只考虑 1 号整流机组整流后输出的直流电压波形时，可得到其直流波形如图 3-8 所示，其输出直流波形在一个周期中脉动 12 次，每个波动的间隔为 30°电角度。

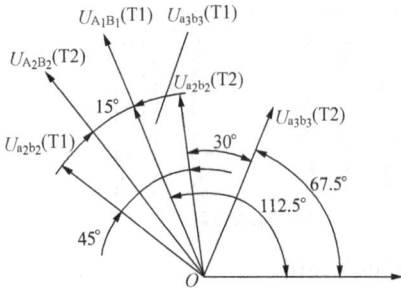

图 3-6　两台变压器的向量关系图

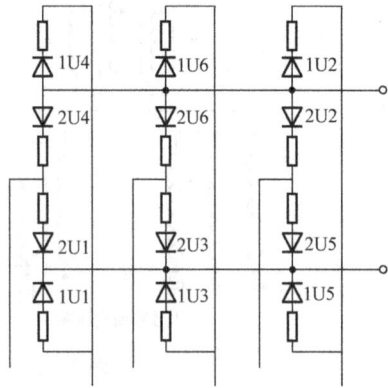

图 3-7　整流器接线图

2 号整流机组的输出直流波形变化规律和 T1 一样，同样是 12 脉动的波形，如图 3-8 所示。但由于两台整流机组是同时运行的，而且其直流输出是并连接在直流母线上的。

两台整流机组并联运行后输出的直流波形如图 3-9 所示，即在一个周期内为 24 脉波。图 3-9 可由图 3-8 的波形叠加其本身平移 15°后的波形处理后得到。

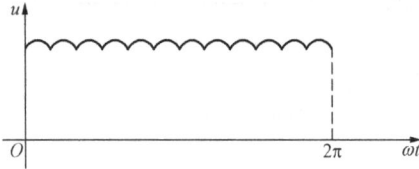

图 3-8　单台变压器整流后输出的
波形图（一个周期）

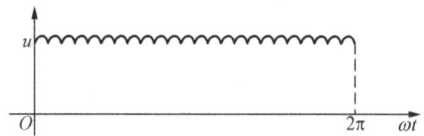

图 3-9　两台变压器整流后输出的
波形图（一个周期）

由上述分析可知，地铁牵引变电所中获得的 24 脉波整流是由两台整流机组并联运行等效而成的。即单台整流器由 2 个三相 6 脉冲全波整流桥组成，其中一个整流桥接至变压器二次侧 Y 型绕组，另一个整流桥接至变压器二次侧 D 型绕组。两个整流桥并联连接构成 12 脉波整流。为了实现 24 脉波整流，在两台变压器的原边将绕组接成延边三角形，使其分别顺时针和逆时针移相 7.5°。两台变压器的二次侧电压相位差为 45°，而两台整流机组的直流输出波形实际上有 15°的相位差，将其并联运行就等效成 24 脉波整流。

3.3　高压开关设备

在变电所中，高压开关设备是最重要的电气设备之一，它所承担的任务如下：在正常工作情况下可靠地接通或开断电路；在改变运行方式时灵活地切换操作；在系统发生故障时迅速切除故障部分的正常运行；在设备检修时隔离带电部分，以保证工作人员的安全。

3.3.1　高压开关设备的分类和工作条件

高压开关设备根据其在电路中担负的任务不同可以分为高压断路器、熔断器、隔离开关、负荷开关等。断路器和熔断器的灭弧能力强，能熄灭短路电流产生的电弧，将短路电路开断。负荷开关和断路器一样具有灭弧装置，但灭弧能力不强，只能开断负荷电流。隔离开关则主要用于检修时隔离电源。

高压开关设备的正常使用条件：海拔高度 $1000\sim2000m$ 环境温度最高为 $+40℃$，最低温度户内为 $-5℃$，户外一般不低于 $-30℃$，高寒地区户外不低于 $-40℃$；风速不大于 $35m/s$，户内相对湿度不大于 90%（$+25℃$ 时）；地震烈度不超过 8 度。

开关设备在正常工作时，各部分的最高发热温度不应超过规定的数值。在正常使用的条件下，流过开关设备的电流为额定值时，发热温度应该满足规定。但环境温度高于 $+40℃$ 时，温度每增高 $1℃$，则额定电流减小 1.8%；每降低 $1℃$，则可增加额定电流 $0.554A$，但不得超过额定值的 20%。

3.3.2 高压断路器

1. 断路器的作用

断路器又叫高压开关，是变电所的重要设备之一。高压断路器主要有两个作用：一是控制作用，即当系统正常运行时，它能切断和接通线路及各种电气设备的空载和负载电流；二是保护作用，即当系统发生故障时，它和继电保护配合，能迅速切除故障电流，减少停电范围，防止扩大事故范围。因此，高压断路器工作的好坏，直接影响到系统安全运行。

2. 高压断路器的基本要求

根据以上所述，断路器在电力系统中承担着非常重要的作用，不仅应能接通和断开负荷电流，而且还应能断开短路电流。因此，断路器必须满足以下基本要求：

（1）工作可靠。断路器应能在规定的运行条件下长期可靠地工作，并能正确地执行分、合闸的命令，顺利完成接通或断开电路的任务。

（2）具有足够的开断能力。断路器在断开短路电流时，触头间要产生能量很大的电弧。因此，断路器必须具有足够强的灭弧能力才能安全、可靠地断开电路，并且还要有足够的热稳定性。

（3）具有尽可能短的切断时间。在电路发生短路故障时，短路电流对电气设备和电力系统会造成很大的危害，所以断路器应具有尽可能短的切断时间，以减小危害，并有利于电力系统的稳定。

（4）具有自动重合闸性能。由于输电线路的短路故障大多数是瞬时的，所以采用自动重合闸可以提高电力系统的稳定性和供电可靠性。即在发生短路故障时，继电保护动作使断路器分闸，切断故障电流，经无电流间隔时间后自动重合闸，恢复供电。如果故障仍然存在，断路器则立即跳闸，再次切断故障电流。这就要求断路器具有在短时间内连续切除故障电流的能力。

（5）具有足够的机械强度和良好的稳定性能。正常运行时，断路器应能承受自身质量和各种操作力的作用。系统发生短路故障时，应能承受电动力的作用，以保证具有足够的稳定性。断路器还应适应各种工作环境条件，以保证在各种恶劣的气象条件下都能正常工作。

（6）结构简单、价格低廉。在满足安全、可靠性要求的同时，还要求断路器结构简单、体积小、质量轻、价格合理。

3. 断路器的种类

高压断路器种类繁多，根据安装场所的不同，断路器有户内式和户外式两种；根据灭弧介质不同，分为油断路器、空气断路器、SF_6 断路器、磁吹断路器等。油断路器有少油断路器和多油断路器两种。

4. 高压断路器的主要技术参数

高压断路器的主要技术参数介绍如下:

(1) 额定电压。高压断路器的额定电压与 10kV 及其以上的各种电网电压相同。额定电压不仅决定了断路器的绝缘要求,而且在相当程度上决定了断路器的总体尺寸和灭弧条件。

(2) 额定电流。额定电流是指断路器可以长期通过的最大电流。断路器长期通过电流时,断路器各部分发热温度不超过允许值。额定电流决定了断路器触头及导电部分的截面,并且在某种程度上也决定了它的结构。

(3) 开断电流。开断电流是指断路器在额定电压下能可靠开断的最大短路电流的有效值。它表示断路器的开断能力。

(4) 额定动稳定电流和额定关合电流。额定动稳定电流是表征断路器通过短时电流能力的参数,即断路器承受最大非对称短路电流时,能承受其产生的电动力效应的能力。额定关合电流则是表征断路器关合电流能力的参数,即当断路器关合于短路电路时,其触头不会因最大非对称短路电流产生的电动力使之分开、引起跳动而放电弧熔焊的能力。这两个参数的数值相等,并为该断路器额定开断电流周期分量有效值的 2.5 倍,该数值的大小是由断路器各部分的机械强度决定的。

(5) 额定热稳定电流和额定热稳定时间。额定热稳定电流也是表征断路器通过短路电流能力的参数,它反映了断路器承受短路电流热效应的能力。其值和额定开断电流相等,相应的额定热稳定时间为 2s,也可以采用 4s 和相应的热稳定电流值。

(6) 开断时间和合闸时间。从操动机构跳闸线圈接通跳闸脉冲起,到三相电弧完全熄灭为止的一段时间称为断路器的开断时间。它等于断路器的固有分闸时间和熄弧时间之和,现代快速断路器的开断时间一般为 0.1s 左右。断路器的合闸时间则是指从断路器合闸线圈加上电压起,到断路器接通为止的一段时间。

断路器的技术参数还包括断流容量、操作循环合闸与分闸装置的额定操作电压等。

5. 油路断路器

油断路器是采用绝缘油 (一般用 45 号或 25 号变压器油) 作为灭弧介质的一种高压断路器。现在的油断路器大多使用在密闭的空间内,其中的绝缘油被电弧分解为高压油气,对电弧形成纵、横吹以熄灭电弧。

油断路器根据油量的多少分为多油断路器和少油断路器两类。

目前,我国生产的高压油断路器主要是少油断路器。在少油断路器中,绝缘油的主要作用是灭弧。它也可在断路器分闸后作为断口间绝缘,若有负荷电流流过时,将触头产生的热量传导出去,起到散热的作用。但少油断路器中的绝缘油不能作为相对地绝缘,其相对地绝缘由支持绝缘子、绝缘瓷套管或有机绝缘部件等构成。少油断路器由于用油少,比较安全,且外形尺寸小,便于在成套设备中装设,所以长期以来在 6~10kV 户内配电装置中应用较多。我国现在生产的少油断路器,户内式有 SN10 系列,6~10kV 电压等级为 SN10-10,35kV 电压级为 SN10-35;户外式有 SW2、SW3、SW4、SW6 等系列,电压为 35~330kV 不等。少油断路器型号中的 S 表示少油式,N 表示户内式,W 表示户外式,N 或 W 后的数字为设计序号,最后面的数字为对应的电压等级。

35kV 以上电压级的多油断路器,由于用油量太多、体积庞大、运行维护困难,早已不再生产。35kV 及以下的多油断路器也已经逐步被其他断路器所取代。现在还在使用的 35kV 多油断路器有 DW1-35、DW2-35、DW6-35 和 DW8-35G 等型号。10kV 的多油断路器有 DW-10、DN-10 等型号。多油断路器型号中的 D 表示多油式，W 表示户外式，W 后的数字为设计序号，N 表示户内式，35 代表 35kV 电压等级。

6. 真空断路器

真空断路器是以真空作为灭弧和绝缘介质的一种高压断路器。真空断路器的核心部件是真空灭弧空，真空灭弧室内的压力很低。真空空间内的气体稀薄，分子的自由行程大，发生碰撞的概率小，因而真空的绝缘强度高，目前正得到广泛的应用。户外型真空断路器结构如图3-10、图3-11 所示。

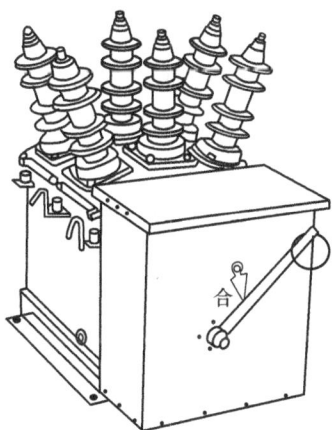

图 3-10　ZW-10/630-12.5 型户外型真空断路器

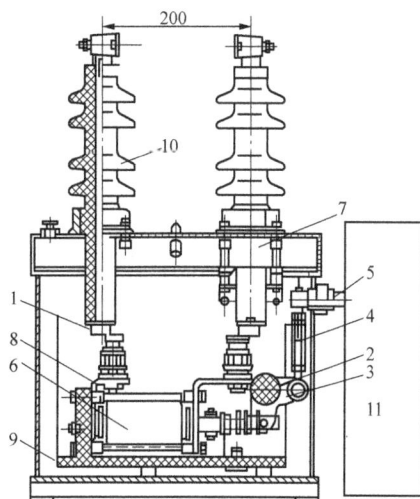

图 3-11　户外型真空断路器本体内部结构
1—动端支架；2—三相主轴；3—绝缘拐臂；4—连杆；5—机构
主轴；6—真空灭弧室；7—电流互感器；8—静端支座；
9—绝缘底板；10—绝缘子；11—机构

真空断路器具有以下优点：

(1) 灭弧室不需检查，电气寿命长（是油断路器寿命的 50～100 倍），机械寿命长（一般可达 12 000 次以上），适用于频繁操作。

(2) 真空灭弧室没有爆炸和火灾危险。

(3) 触头开距小，绝缘性能好。因而断路器的体积小、质量轻。

(4) 灭弧性能强，燃弧时间短，动作快，一般全开断时间小于 0.1s。

(5) 熄弧后触头间隙的破坏性放电电压恢复速度快，开断性能好。但截流过电压高，需要采用限制过电压的措施，如装设阻容吸收器、氧化锌避雷器等。

(6) 真空断路器开断时没有副产品产生，也不存在介质劣化问题。

真空断路器也具有一定的缺点：

(1) 对开断感性小电流时，断路器灭弧能力较强的触头材料容易产生截流，引起过电压。这种情况下要采取相应的过电压保护措施。

（2）产品的一次投资较高。它主要取决于真空灭弧室的专业生产及机构可靠性要求，如果综合考虑运行维护费用，采用真空断路器还是比较经济的。

7. SF₆ 断路器

SF₆ 在常温下是一种无色、无臭、无毒、不燃烧的惰性气体，相对分子质量为空气的5.1倍，具有良好的绝缘性能和灭弧性能。SF₆ 气体是目前知道的最理想的绝缘和灭弧介质。它与现在使用的变压器油、压缩空气乃至真空相比，都具有无可比拟的优良特性。正因为如此，SF₆ 应用越来越广，发展相当迅速，不仅在中压、高压领域中应用，特别在高压、超高压领域里更显示出其不可取代的地位。

（1）SF₆ 断路器的结构原理。SF₆ 断路器根据其灭弧原理可分为双压式、单压式、旋弧式结构。

1）双压式灭弧室。双压式灭弧如图 3-12 所示。双压式灭弧室是指断路器灭弧室和其他部位采用不同的 SF₆ 气体压力，在正常情况（合上、分断后）下，高压力和低压力气体是分开的，只有在开断时，触头的运动使动、静触头间产生电弧，高压室中的 SF₆ 气体在灭弧室（触头喷口）形成一股气流，从而吹断电弧，使之熄灭，分断完毕，吹气阀自动关闭，停止吹气。然后，高压室中的 SF₆ 气体由低压室通过气泵再送入高压室。这样，以保证在开断电流时，以吹气方式使电弧熄灭。

双压式 SF₆ 断路器的结构比较复杂，早期应用较多，目前这种结构很少采用。

2）单压式灭弧室。单压式灭弧室与其他部位的 SF₆ 气体压力是相同的，只是在动触头运动中，使 SF₆ 气体自然形成压气形式，向喷口（灭弧室）排气。动触头的运动速度与吹气量大小有关，当停止运动时，压气的过程也终止。单压式灭弧室原理如图 3-13 所示。

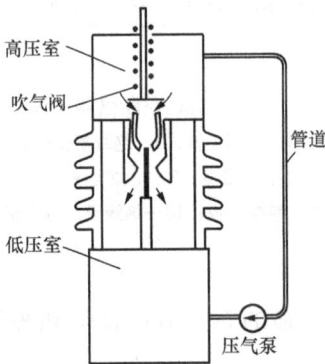

图 3-12　双压式灭弧室原理　　　　图 3-13　单压式（压气式）灭弧室原理

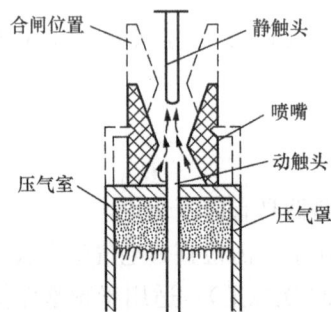

3）旋弧式灭弧室。旋弧式 SF₆ 断路器是利用电弧电流产生的磁场力，使电弧沿着某一截面高速旋转，由于电弧的质量比较轻，在高速旋转时，拉长电弧，促使电弧熄灭。为了加强旋弧效果，通常电弧经过一旋弧线圈，加大磁场力。当电流较大时，灭弧较困难，但由于旋弧原理，磁场力与电流大小成正比，也使电弧能熄灭；在小电流时，相应熄灭电弧容易。此时，磁场因电流减小而减小，同样能达到灭弧作用，而不产生截流现象。

旋弧式原理的 SF₆ 断路器，结构比较简单，在 10～35kV 电压等级中得到广泛的应用。特别是灭弧的磁场力随着电流的大小自行调整，减少了对操动机构操作力的要求，开断电流可达 31.5kA 左右，是很有发展前景的灭弧结构。供配电用 10～35kV 断路器大多数采用旋弧原理。

径向旋弧原理和结构如图 3-14 所示。

（2）SF_6 断路器的特点。

1）绝缘性能好，断路器设计更为紧凑，节省空间，操作功率小，噪声小。

2）检修周期间隔时间长，寿命长，适用于频繁操作。

3）使用安全、可靠，无火灾、爆炸危险。

4）要求密封良好，防止漏气和潮气侵入，故加工工艺和材料要求高。

5）可以发展为 SF_6 全封闭组合电气设备，节省大量土地，降低投资和运行成本。

3.3.3　隔离开关

隔离开关也称刀闸，是电力系统中使用最多的一种高压开关设备。高压隔离开关是一种没有灭弧装置的控制设备，因此严禁带负荷进行分、合闸操作。由于它在分闸后具有明显的断开点，因此在操作断路器停电后，将它拉开可以保证被检修的设备与带电部分可靠隔离，产生一个明显可见的断开点，借以缩小停电范围，又可保证人身安全。

图 3-14　径向旋弧式灭弧原理

隔离开关是没有专门的灭弧装置的开关设备，在分闸状态下有明显的断口，在合闸状态下能可靠地通过额定电流和短路电流。因为隔离开关没有灭弧装置，不能切断负荷电流和短路电流，因此，隔离开关通常和断路器配合使用，且在操作中必须注意与断路器的操作先后顺序，即倒闸操作。分闸时，先分断路器，后分隔离开关；合闸时，先合隔离开关，后合断路器。为了保证安全，一般采用连锁装置，以防误动作。

1. 隔离开关的作用

在发电厂或变电所中装置了大量的隔离开关，其主要作用简述如下：

（1）隔离电源。将需要检修的线路或电气设备与电源隔离，以保证检修人员的安全。隔离开关的断口在任何状态下都不能发生火花放电，因此它的断口耐压一般比其对地绝缘的耐压高出 10%～15%。必要时应在隔离开关上附设接地刀闸，供检修时接地用。

（2）倒闸操作。在双母线的电气装置中，不用操作断路器，只操作几台隔离开关即可将设备或供电线路从一组母线切换到另一组母线上去，但此时必须遵循等电位原则。这是隔离开关在倒闸操作中的典型应用。

（3）接通或开断小电流电路。可使用隔离开关进行下列操作：

1）接通或开断无故障时的互感器和无雷电活动时的避雷器。

2）接通或开断无故障母线和直接连接在母线上设备的电容电流。

3）在系统无接地故障的情况下，接通或开断变压器中性点的接地隔离开关和断开变压器中性点的消弧线圈。

4）与断路器并联的分路隔离开关，当断路器在合上位置时，可接通或开断断路器的旁路电流。

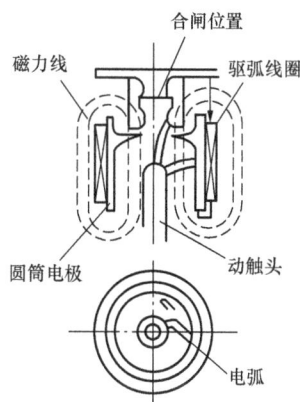

2. 隔离开关的种类与结构

隔离开关种类很多。根据开关闸刀的运动方式可分为水平旋转式、垂直旋转式、摆动式和插入式；根据装设地点可分为户内式和户外式；根据绝缘支柱数目可分为单柱式、双柱式和三柱式；按有无接地刀闸可分为有接地刀闸和无接地刀闸；按隔离开关的操动机构分为手动和电动等。

高压隔离开关是由一动触头（活动刀片）和静触头（固定触头或刀嘴）组成。动静触头均由高压支撑绝缘子固定于底板上，底板用螺丝固定在构架或墙体上。

三相隔离开关是三相联动操作的，拉杆绝缘子的底部与传动杆相连，其上部与动触头相连。由传动机构带动拉杆绝缘子，再由拉杆绝缘子推动动触头的开、合动作。

图 3-15 和图 3-16 所示为常见的隔离开关结构及外形图。

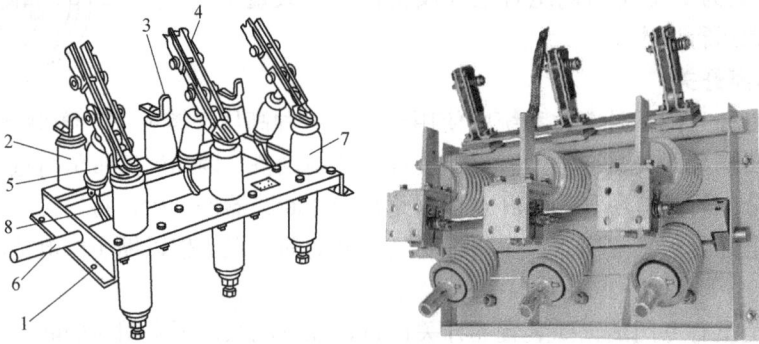

图 3-15　GN₈ 型隔离开关外形图

1—底座；2—支柱绝缘子；3—静触头；4—闸刀；5—拉杆瓷瓶；6—转轴；7—套管绝缘子；8—拐臂

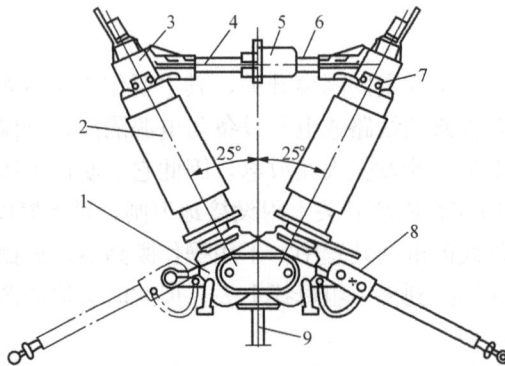

图 3-16　GW₅-35D 型隔离开关外形图

1—底座；2—支柱瓷瓶；3—触头座；4、6—主闸刀；5—触头及防护罩；7—接地静触头；8—接地闸刀；9—主轴

3. 隔离开关的运行维护

隔离开关运行维护的注意事项如下：

（1）载流回路及引线端子无过热。

（2）瓷瓶无裂痕，无放电痕迹，瓷瓶与法兰粘合处无松散及起层现象。

（3）传动机构外露的金属部件无明显锈蚀痕迹。

（4）触头罩无异物堵塞，如鸟窝等。

（5）接地良好。

（6）分、合闸过程应无卡劲，触头中心要校准，三相是否同时接触。

（7）隔离开关严禁带负荷分、合闸，维修时应检查它与断路器的连锁装置是否完好。

3.4 互 感 器

3.4.1 互感器的作用

互感器包括电流互感器和电压互感器。电流互感器又称仪用变流器，文字符号为 TA；电压互感器又称仪用变压器，文字符号为 TV。从基本结构和工作原理来说，互感器是一种特殊变压器。

互感器具有如下作用：

（1）安全绝缘。采用互感器做一次电路与二次电路之间的中间元件，可避免一次电路的高电压直接引入测量仪表、继电器等二次设备，有利于保障人身安全；可避免一次电路发生短路使二次仪表、继电器等电流线圈受大电流冲击而损坏；也可避免二次电路的故障影响一次电路。这样就提高了一、二次电路工作的安全性和可靠性。

（2）按比例减小电流和降低电压。电流互感器是将一次大电流按比例变成二次小电流的装置。虽然电流互感器一次额定电流不同，但二次额定电流一般为 5A。电压互感器是将一次高电压按比例变成二次低电压的装置，虽然电压互感器一次额定电压不同，但二次额定电压一般为 100V。

（3）扩大二次设备的使用范围。采用互感器后，就相当于扩大了仪表和继电器的使用范围。例如，用一只量程为 5A 的电流表与不同变流比的电流互感器配套使用，就可测量不同范围的电流。同样，用一只量程为 100V 的电压表与不同变压比的电压互感器配套使用，就可测量不同范围的电压。

此外，使用互感器后，可使二次仪表、继电器等的电流或电压规格统一，有利于这些产品的标准化、小型化和大规模生产。

3.4.2 电流互感器

1. 电流互感器的工作原理和结构

（1）电流互感器的工作原理。电流互感器的基本结构与变压器相似，原理接线如图 3-17 所示。其一次绕组的匝数很少（有的利用一次导体穿过其铁芯，只有一匝），导体较粗，串接在被测电路中，因此一次电流完全取决于被测电路的负载电流；其二次绕组的匝数很多，且与低阻抗的仪表或继电器的电流线圈相连，因而二次阻抗很小，所以它实际上就相当于一个短路运行的变压器。

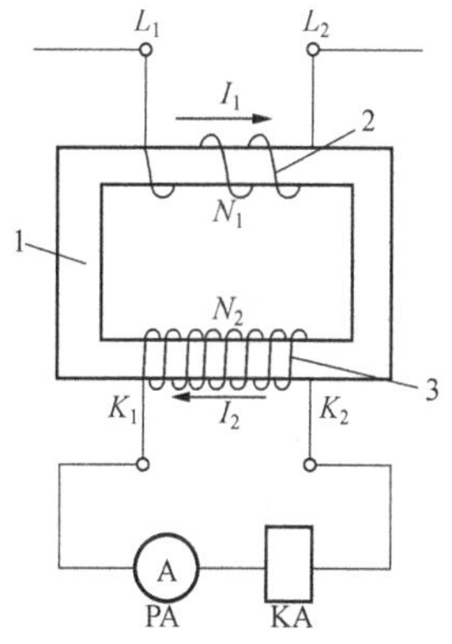

电流互感器一、二次额定表电流之比称为变流比，用 K_I 表示，由变压器基本知识可知：

图 3-17 电流互感器的工作原理
1—铁芯；2——次绕组；3—二次绕组

$$K_I = \frac{I_{1N}}{I_{2N}} \approx \frac{N_2}{N_1} = \frac{I_1}{I_2} \qquad (3-4)$$

式中　N_1、N_2——电流互感器一、二次绕组的匝数；

　　　　I_{1N}、I_{2N}——电流互感器一、二次额定电流；

　　　　I_1、I_2——电流互感器一、二次实际电流。

由式（3-4）可见，若已知电流互感器的变流比（或一、二次绕组的匝数）和二次实际电流，便可计算出一次实际电流的近似值。

（2）电流互感器的结构。电流互感器主要由铁芯、一次绕组、二次绕组和绝缘构成。按照一次绕组匝数的多少，电流互感器可分为单匝式和多匝式。多匝式电流互感器又分为只有一个铁芯和具有两个铁芯的两种类型，如图 3-18 所示。

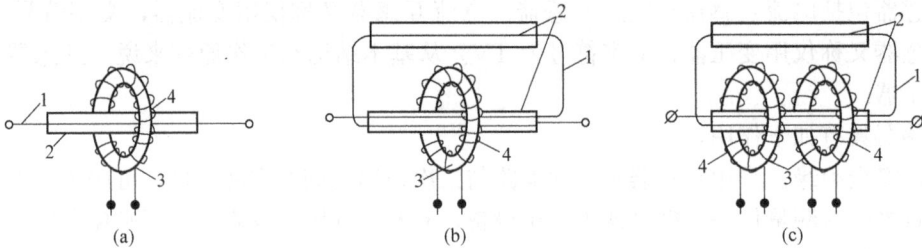

图 3-18　电流互感器的结构原理图

(a) 单匝式；(b) 多匝式；(c) 具有两个铁芯的多匝式

1——次绕组；2—绝缘；3—铁芯；4—二次绕组

单匝式电流互感器是用实心圆柱载流导体、管形截面的载流导体或直接用载流母线作为一次绕组，并将一次绕组穿过绕有二次绕组的环形铁芯构成，如图 3-18（a）所示。它的优点是结构简单，尺寸较小，价格便宜，一次额定电流较大；它的缺点是当测量电流比较小时，误差比较大。

多匝式电流互感器的一次绕组穿过绕有二次绕组的环形铁芯，由多匝线圈构成，如图 3-18（b）所示。在一定变流比的情况下，一次绕组匝数多，二次绕组匝数也多，测量的准确度就比较高。这种电流互感器的缺点是，当大的短路电流通过时，其一次绕组匝间承受的过电压可能很高。

具有两个铁芯的电流互感器如图 3-18（c）所示，其一次绕组同时穿过两个铁芯，而两个二次绕组分别绕在两个独立的铁芯上。因此两个二次绕组的电流之间不会相互影响，它们的电流大小取决于一次绕组电流的大小。35kV 以上的电流互感器多采用此种结构。

（3）电流互感器分类。电流互感器的类型很多，分类方法也比较多。按照不同的依据大致可分为以下几种：按照装设地点，可分为户内和户外；按照整体结构及安装方法，可分为穿墙式、母线式、套管式（装入式）和支持式；按照绝缘结构，可分为干式、油浸式和浇注式；按照一次绕组匝数多少，可分为单匝式和多匝式。

套管式电流互感器是将电流互感器装入 35kV 以上的变压器或多油断路器的瓷套管内，其导电部分作为一次绕组，并穿过带二次绕组的环形铁芯。为了满足测量、计量和保护的需要，有时一个套管内放置两组或三组准确度等级不同的套管式电流互感器，以满足不同的要求，因此它结构简单、紧凑。套管式电流互感器是变压器或多油断路器的组成部分，不构成独立的电气设备。

2. 电流互感器的主要技术数据

(1) 变流比 K_I。关于变流比 K_I 的定义见式（3-4）。电流互感器二次额定电流一般规定为 5A，所以变流比的大小取决于一次额定电流大小。目前，电流互感器一次额定电流通常为 5～2500A，其中有若干个规格。在 10kV 系统中，用户配电装置使用的电流互感器，其一次额定电流规格一般为 15～1500A。

(2) 误差和准确度级。电流互感器的误差分两种：一种是电流误差（又称比值差）；另一种是角误差（又称角差）。

电流误差用下式计算：

$$\Delta I\% = \frac{K_I I_2}{I_1} \times 100\% \tag{3-5}$$

式中　K_I——电流互感器的变流比；

　　　I_1——电流互感器一次实际电流；

　　　I_2——电流互感器二次实际电流。

(3) 额定容量。电流互感器的额定容量 S_{2N} 是指电流互感器在二次额定电流 I_{2N} 和二次额定阻抗 Z_{2N} 下运行时，二次绕组输出的视在功率，即

$$S_{2N} = I_{2N}^2 Z_{2N} \tag{3-6}$$

电流互感器二次额定电流通常为 5A，所以式（3-6）实际可为

$$S_{2N} = 25 Z_{2N} \tag{3-7}$$

式（3-6）和式（3-7）说明，额定容量和二次额定阻抗之间实际上只差一个系数，因此额定容量也可以用二次额定阻抗来表示。

因为电流互感器的误差和二次负载阻抗有关，所以同一台电流互感器使用在不同的准确度级时，会有不同的额定容量。例如某电流互感器，在准确度 0.5 级工作时，额定容量为 $S_{2N}=10VA$ 或 $Z_{2N}=0.4\Omega$；而在准确度 1 级工作时，则额定容量为 $S_{2N}=15VA$ 或 Ω。在使用电流互感器时应明确这一点。

(4) 热稳定及动稳定倍数。电流互感器的热稳定及动稳定倍数，是表示电流互感器承受短路电流的热作用和电动力（机械力）作用的能力。

热稳定电流：是指电流互感器承受短路电流在 1s 内无损坏时，一次电流的有效值。

热稳定倍数：是指电流互感器热稳定电流与一次额定电流的比值。

动稳定电流：是指一次线路发生短路时，电流互感器承受电动力作用无机械损坏时，最大一次电流的峰值。一般动稳定电流为热稳定电流的 2.55 倍。

动稳定倍数：是指电流互感器动稳定电流与一次额定电流的比值。

3.4.3 电压互感器

1. 电压互感器的工作原理、结构和类型

(1) 电压互感器的工作原理。电压互感器的原理接线图如图 3-19 所示。电压互感器的基本结构与变压器相同。

电压互感器一、二次额定电压之比，称为变压比，用 K_U 表示：

$$K_U = \frac{U_{1N}}{U_{2N}} \approx \frac{N_1}{N_2} = \frac{U_1}{U_2} \tag{3-8}$$

式中　N_1、N_2——电流互感器一、二次绕组的匝数；

图 3-19　电压互感器的工作原理

1—铁芯；2——次绕组；3—二次绕组

U_{1N}、U_{2N}——电流互感器一、二次额定电流；

U_1、U_2——电流互感器一、二次实际电流。

由式（3-8）可见，若已知电压互感器变压比（或一、二次绕组的匝数）和二次实际电压 U_2，可计算出一次实际电压 U_1 的近似值。

电压互感器具有以下特点：

1）容量小，类似一台小容量的变压器。

2）一次电压为电网电压，不受二次负载的影响。

3）二次负载是测量仪表和继电器的线圈，阻抗很大，所以电压互感器实际上是一台接近空载运行的变压器。

（2）电压互感器的结构。

图 3-20 所示为广泛应用的单相三绕组、环氧树脂浇注绝缘的户内 JDZJ-10 型电压互感器的外形结构。

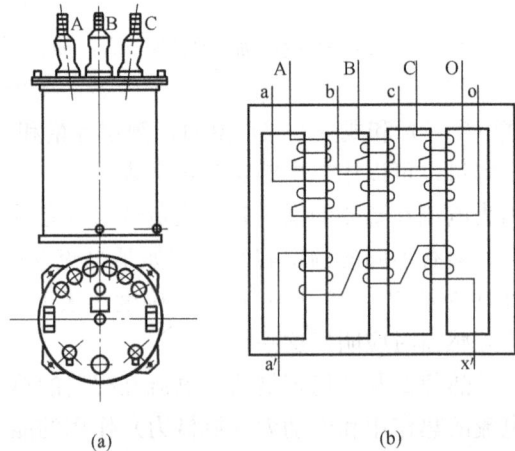

图 3-21（a）所示为 JSJW-10 型三相五柱式油浸电压互感器的外形图，其内部铁芯结构和线圈接线如图 3-21（b）所示。

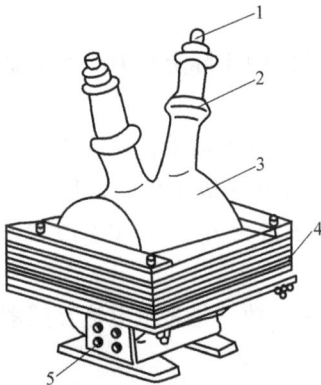

图 3-20　JDZJ-10 型电压互感器外形图

1——次接线端子；2—高压绝缘套管；

3——、二次绕组，环氧树脂浇注；

4—铁芯（壳式）；5—二次接线端子

(a)　　　　　(b)

图 3-21　JSJW-10 型三相五柱式油浸电压互感器

（a）外形图；（b）铁芯结构和内部接线

110kV 及以上的电压互感器普遍采用串级式，其结构特点是线圈和铁芯采用分级绝缘，并将铁芯和线圈装在充有变压器油的瓷箱中，瓷箱既代替油箱又兼作高压瓷套管绝缘，结构紧凑，省材料，减小了体积和质量。图 3-22 所示为 110kV 单相串级式电压互感器的原理图。

由图 3-22 可见，一次绕组被分成匝数相等的两部分，分别绕在上、下铁芯柱上并且串联起来，其连接点与铁芯相连；二次绕组绕在下铁芯柱上。此外，还有一个平衡绕组，也由匝数相等的两部分组成，分别绕在上、下两个铁芯柱上（在最里层），并反串起来，连接点与铁芯相连。这种结构的作用是：在二次接上负载后，因漏磁通不会相同，则上、下铁芯柱

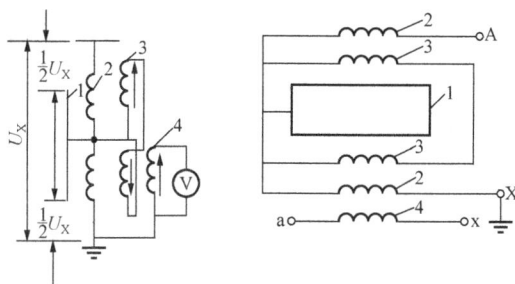

图 3-22　110kV 单相串级式电压互感器的原理图
1—铁芯；2——次绕组；3—平衡绕组；4—二次绕组

里的总磁通就会不同，上、下铁芯柱线圈上的感应电动势也就不同，结果使测量误差增加。加上平衡绕组后，当上、下铁芯柱磁通不等时，平衡绕组中就出现环流，使磁通大的铁芯柱去磁，而磁通小的铁芯柱增磁，从而使上、下铁芯柱磁通接近相等，以达到使匝电压分布均匀、减小测量误差目的。另外，由于一次绕组分成相等的两部分，且中点连接铁芯，所以每柱上的线圈对铁芯的电位差就只有 U_X 的一半，故线圈对铁芯的绝缘电压只需按 U_X 的一半设计就行了。

（3）电压互感器的类型。电压互感器通常可分为以下几种类型：

1）按照装设地点可分为户内式和户外式。一般 35kV 以下多为户内式，35kV 以上多为户外式。

2）按照相数可分为单相式和三相式。三相式中又分为三相三柱式和三相五柱式两种。

3）按照线圈的多少可分为双线圈和三线圈两种，三线圈电压互感器除基本一次绕组外，多加一个辅助绕组，用于接地保护。

4）按照绝缘方式可分为干式、浇注式、油浸式和充气式。干式结构简单，无着火和爆炸危险，适用于 6kV 以下的户内装置；浇注式绝缘是用环氧树脂混合材料，结构紧凑，维护方便，适用于 35kV 以下的户内装置；油浸式绝缘性能好，可用于 10kV 以上的户外装置。

2. 电压互感器的主要技术数据

（1）变压比。关于变压比 K_U 的定义见式（3-8）。电压互感器二次额定电压通常为 100V（或 $100/\sqrt{3}$V），一次额定电压就是电源电压，且已经标准化，如 0.4、10、35、66、110、220、500kV 等。

（2）误差和准确度级。电压互感器的误差分为两种：一种是电压误差（变压误差）；另一种是角误差。理想的电压互感器，一次与二次电压之比应完全等于匝数之比，一次与二次电压的相位应正好相差 180°。但是在实际电压互感器中，由于励磁电流的存在和线圈阻抗的影响，均会产生电压数值误差和相位角的误差。

电压互感器的电压误差 $\Delta U\%$ 为

$$\Delta U\% = \frac{K_U U_2 - U_1}{U_1} \times 100\% \qquad (3-9)$$

角误差是指二次电压相量 $\dot{U}_2$ 旋转 180°后与一次电压相量 $\dot{U}_1$ 之间的夹角，用 δ 表示，单位为度。并规定 $-\dot{U}_2$ 超前 $\dot{U}_1$ 时，δ 为正；反之，δ 为负。

电压互感器的电压误差和角误差，都与互感器一、二次绕组的漏阻抗 Z_1 和 Z_2 有关，还

与空载电流 I_0、二次负载电流 I_2 及二次负载功率因数 $\cos\varphi_2$ 有关。当 I_0、I_2、Z_1、Z_2 增大时，误差增大；反之，误差减小。当 $\cos\varphi_2$ 过大或过小时，不仅电压误差增大，角误差也增大。

减小电压互感器误差可采取以下措施：

1）应合理选用线圈结构并设法减少漏磁通，从而减小一、二次绕组的电阻和漏电抗。

2）采用高磁导率的材料（如冷轧硅钢片）做铁芯，并增大铁芯的截面、减小磁路的长度和气隙，以减小 I_0。

3）电压互感器在使用时应使一次电压、二次负载阻抗及 $\cos\varphi_2$ 在规定范围内。

电压互感器的准确度级是指在规定的一次电压和二次负载变化的范围内，负载功率因数为额定值时，误差的最大限值。测量用电压互感器的准确度级分为四级，即 0.2、0.5、1 和 3 级。0.2 级用于实验室的精密测量，0.5、1 级用于发电厂及变电所的盘式仪表，3 级用于一般的测量仪表和某些继电保护装置。对于电能计量的电度表，应采用准确度不低于 0.5 级的电压互感器。保护用电压互感器有 3P 和 6P 级两种。

（3）额定容量 S_{2N}。电压互感器的额定容量是指对应于最高准确度级时的容量。电压互感器在这个负载容量下工作时，所产生的误差不会超过这一准确度级所规定的允许值。由于电压互感器的误差随负载而变化，在使用中，当负载超过该准确度级所规定的容量时，准确度级就会下降。与电流互感器相似，同一台电压互感器在不同的准确度级下工作时，其额定容量是不同的。通常，在电压互感器的铭牌上标有在不同准确度级下对应的额定容量 S_{2N}。在选用电压互感器时应根据所要求的准确度级，确定负载容量 S_2，并应使 $S_2 \leqslant S_{2N}$。

此外，根据在最高工作电压下的长期允许发热条件，对电压互感器还规定了最大容量。但是，一般都不会使负载达到此最大容量，见表 3-1。

表 3-1　　　　　　　JSJW-10 型三相五柱式电压互感器有关参数

准确度级	0.5 级	1 级	3 级	准确度级	0.5 级	1 级	3 级
额定容量（VA）	120	200	480	最大容量（VA）	960	—	—

3.5　避　雷　装　置

3.5.1　雷电及其危害

雷电是一种大气中的放电现象。雷云在形成过程中，某些云积累起正电荷，另一些云积累起负电荷。随着电荷的积累，电压逐渐升高，当达到一定程度，就产生强烈的放电。放电时间一般为 $50 \sim 100 \mu s$，放电电流达 $200 \sim 300 kA$，放电时温度可高达 20 000℃，放电瞬间出现耀眼的闪电和震耳的雷声。

有时雷云很低，周围又没有带异性电荷的雷云，就会在地面凸出物上感应出异性电荷，进而可能造成与地面凸出物之间的放电，这就是通常所说的直击雷。

在雷云放电的附近，还有雷电感应，分为静电感应和电磁感应两种。静电感应是由于雷云放电前在地面凸出物的顶部感应出大量异性电荷，在雷云放电后，凸出物顶部的电荷突然失去束缚而成为自由电荷，呈现很高的电压，电荷以极高的速度流回大地中。电磁感应是由于雷击时，巨大的雷电流在周围空间产生迅速变化的强大电磁场，这种电磁场也会在附近的金属导体上感应出很高的电压。

直接雷和雷电感应伴随出现的极高电压和极大电流,具有很大的破坏力,其破坏作用是多方面的。

(1) 电作用的破坏。雷电数十万至数百万伏的冲击电压可能毁坏电气绝缘,造成大面积、长时间的停电事故。绝缘损坏引起的短路火花和雷电的放电火花还可能引起火灾和爆炸事故。电气绝缘的损坏及巨大的雷电流流入地下,在电流通路上产生极高的对地电压和在流入点周围产生的强电场还可能导致人身触电伤亡事故等。

(2) 热作用的破坏。热方面的破坏作用主要表现在巨大的雷电流通过导体,在极短的时间内转换成大量的热能,造成易燃品的燃烧或造成金属熔化飞溅而引起火灾或爆炸。如果雷击在易燃物上,更容易引起火灾。

(3) 机械作用的破坏。巨大的雷电流通过被击物时,瞬间产生大量的热,使被击物内部的水分或其他液体急剧气化,剧烈膨胀为大量气体,致使被击物破坏或爆炸。此外静电作用力和电动力也具有很强的破坏作用。雷击时的气浪也有一定的破坏作用。

上述破坏作用是综合出现的,其中尤以伴有爆炸和火灾时最为严重。

3.5.2 防雷措施

防雷包括电力系统的防雷和建筑物与其他设施的防雷。根据不同保护对象的危险程度和重要性,对于直击雷、雷电感应、雷电侵入波均应采取各自相应的防雷措施。

1. 直击雷的防护

避雷针、避雷线、避雷网、避雷带是防护直击雷的主要措施。这些避雷装置由接闪器、引下线和接地装置组成。高耸的针、线、网、带都是接闪器。它们比被保护设施更接近雷云,在雷云对地面放电前,接闪器在电场的影响下,上面积累了大量的异性电荷,它们与雷云之间的电场强度超过附近地面被保护设施与雷云之间的电场强度。放电时,接闪器承受直接雷击,强大的雷电流通过阻值很小的引下线及接地体而泄入地下,以此使保护设施免受直接雷击。

避雷针(线、带、网)都有一定的保护范围。保护范围是指保护被保护物不受雷击的空间。被保护物应完全置于避雷针(线、网、带的)保护范围内才能避免遭受直击雷。

(1) 避雷针。避雷针就其本质而言,它不是避雷而是引雷,利用其高耸空中的有利地位,把雷电引向自身,承受雷击,再将雷电流引入大地,从而保护其他设备不受雷击。

避雷针是装在高于建筑物顶端一定高度的金属导体,一般由长 2m、直径 $\phi 12mm$ 的金属棒制成,顶端呈尖形。接地极一般采用角钢或钢管,钢管长度为 2~3m,外径为 $\phi 35$~$\phi 50mm$,管壁厚度不小于 3.5mm;角钢应采用 50mm×50mm,长度不超过 3m,埋设时应使它深入地下 0.5~0.7m。避雷针与接地极之间的连接线(引下线)可采用 35mm 的铜绞线。避雷针应单独接地,接地装置的接地电阻值应小于 10Ω。

避雷针的工作原理是利用静电感应和尖端放电,当雷云出现在建筑物(或变配电装置)的上空时,避雷针尖端感应出大量异性电荷,它不断放电和雷云里的电荷中和,从而不断减弱带电雷云和建筑物(或变配电装置)之间的电场。在发生雷击时,雷云首先对避雷针放电,雷电流经避雷针和接地引下线导入大地,于是使附近建筑物或变配电装置等电气设备免遭雷击破坏。

避雷针保护范围与避雷针的高度、数目、相互位置等有密切关系。

避雷针分独立避雷针和附设避雷针两种。独立避雷针是离开建筑物单独装设的，接地装置也是单独装设的。附设避雷针是装设在建筑物或构筑物上的，允许与电气设备其他接地共用接地体。

根据过电压保护规程规定：35kV 及以下高压配电装置构架或房顶不宜装设避雷针。

（2）避雷线。避雷线的功用和避雷针相似，主要用来保护电力线路，这时的避雷线也称为架空地线。避雷线也可用来保护狭长的设施。

（3）避雷网和避雷带。避雷网和避雷带主要用于工业和民用建筑物对直击雷的防护，其保护范围无需进行计算。避雷网的网格大小可根据具体情况选择。对于工业建筑物，根据防雷的重要性可采用 6m×6m～6m×10m 的网格或适当距离的避雷带。对于民用建筑物，可采用 6m×10m 的网格。应当注意，不论是什么建筑物，对其屋角、屋脊和屋檐等易受雷击的凸出部位都应装设避雷带。

易受雷击的建筑物和构筑物，如旷野孤立或高于 20m 的建筑物和构筑物，建筑物群中高于 25m 的建筑物和构筑物，凸出的土山顶部或特别潮湿处或其他土壤电阻系数小的地方的建筑物；还有地下有导电矿藏处的建筑物等；电力系统，如砖木结构（无钢筋）的主厂房、屋外配电装置、高压输电线路等，均必须有防止直接雷的措施。

2. 雷电感应的防护

雷电感应（特别是静电感应）也能产生很高的冲击电压，在电力系统中应与其他过电压同样考虑；在建筑物和构筑物中，主要应考虑放电火花引起的爆炸和火灾事故。

为了防止静电感应产生的高压，应将建筑物内的金属设备、金属管道、结构钢筋等接地。接地装置可以和其他接地装置共用，接地电阻不应大于 5～10Ω。

建筑物在采取防止静电感应的措施时，对于金属屋顶，应将屋顶妥善接地；对于钢筋混凝土屋顶，应将屋面钢筋焊成 6～12m 的网格，连成通路，并予以接地；对于非金属屋顶，应在屋顶上加装 6～12m 的金属网格，并予以接地。

雷电感应的预防措施主要是针对有爆炸危险的建筑物和构筑物，其他建筑物和构筑物一般不考虑雷电感应的防护。

3. 雷电侵入波的防护

当架空线路或管道遭到雷击时，雷击点要产生高电压。如果雷电荷不能就地导入地中，高电压将以波的形式沿着线路、管道传到与之连接的设施上，危及设备和人身安全。沿线路、管道传播的高压冲击波称为侵入波。雷电侵入波造成的雷害事故很多，在低压电力系统中，这种事故占总雷害事故的 70% 以上。所以必须对雷电侵入波采取防护措施。

（1）装置避雷器。装置避雷器是防止雷电侵入波的主要措施。避雷器装设在被保护物的引入端或母线上，其上端接在线路（或母线）上，下端接地，如图 3-23 所示。正常时，避雷器的间隙保持绝缘状态，不影响系统的运行。

当因雷击且有高压冲击波沿线路袭来时，避雷器间隙击穿而接地，从而强行切断冲击波。这时，能够进入被保护物的电压，仅为雷电流通过避雷器及其引下线和接地装置产生的所谓残压。雷电流通过以后，避雷器间隙又恢复

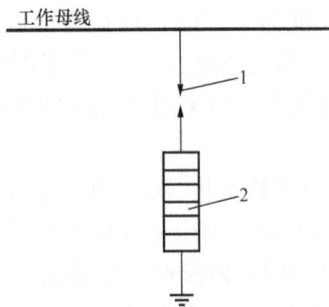

工作母线

图 3-23　避雷器保护原理
1—间隙；2—电阻阀片

绝缘状态，以便系统正常运行。

避雷器有阀型避雷器、管型避雷器、金属氧化物避雷器等多种类型，如图 3 - 24 所示。在低压小电流线路中常用保护间隙做保护。

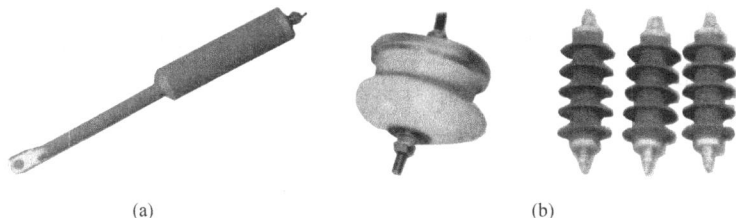

图 3 - 24　各种避雷器的外形图
（a）管型避雷器；（b）阀型避雷器

（2）接地。接地可以降低雷电侵入波的陡度。容易遭雷击的较重要的低压架空线路，除使用避雷器外，还辅以接地保护，即将进户处和邻近三基杆子的绝缘子铁脚接地，降低绝缘，在雷电侵入波袭击时，使雷电流入户前即全部泄入地中，以保护室内人身和设备安全。少雷区或离高低压线路接地点不超过 50m 的一般进户处绝缘子铁脚可不接地。上述接地也可与电气设备共用一套接地装置，接地电阻不应大于 30Ω。

3.6　成　套　设　备

成套设备是制造厂成套供应的设备。成套设备是按主接线的要求，把开关设备、保护测量电气设备、母线和必要的辅助设备组合在一起，装配在一个或多个全封闭或半封闭的金属柜中，用来接收、分配和控制电能的总体装置。制造厂可生产各种不同一次线路方案的开关柜供用户选用。

3.6.1　成套设备的分类与特点

按电气设备安装的地点，可分为屋内成套设备和屋外成套设备。为了节约用地，一般35kV 及以下成套设备宜采用屋内式。

按电压等级，分为高压成套设备和低压成套设备；按结构形式，分为固定式和移开式（抽屉式）；按开关柜隔离构成形式，分为铠装式、间隔式、箱型、环网柜等；按一次线路安装的主要元器件和用途，分为油断路器柜、负荷开关柜、熔断器柜、电压互感器柜、隔离开关柜、避雷器柜等。

一般牵引变电所中常用的成套装置有高压成套设备（也称高压开关柜）和低压成套设备。高压成套设备有屋内式和屋外式两种，而低压成套设备只有屋内式一种。另外还有一些成套设备，如高、低压无功功率补偿成套设备，高压综合启动柜、低压动力配电箱及照明配电箱等在变电所也常使用。

3.6.2　高压成套配电装置（高压开关柜）

高压成套配电装置就是按不同用途的接线方案，将所需的高压设备和相关一、二次设备按一定的线路方案组装成的一种高压成套配电装置，在牵引变电所中作为控制和保护发电机、变压器和高压线路之用，也可作为大型高压交流电动机的启动和保护之用，对配电系统进行控制、监测和保护。其中安装有开关设备、保护电气设备、监测仪表和母线、绝缘子等。

高压开关柜有固定式和手车式（移开式）两大类型。

（1）固定式高压开关柜柜内所有电气部件都固定在不能移动的台架上，构造简单，比较经济。我国现在大量生产和广泛应用的固定式高压开关柜主要为 GG-1A（F）型。这种防误型开关柜装设了防止电气误操作和保障人身安全的闭锁装置，即所谓"五防"：①防止误分、误合断路器；②防止带负荷误拉、误合隔离开关；③防止带电误挂地线；④防止带接地线误合隔离开关；⑤防止人员误入带电间隔。固定式高压开关柜外形示意如图 3-25 所示。

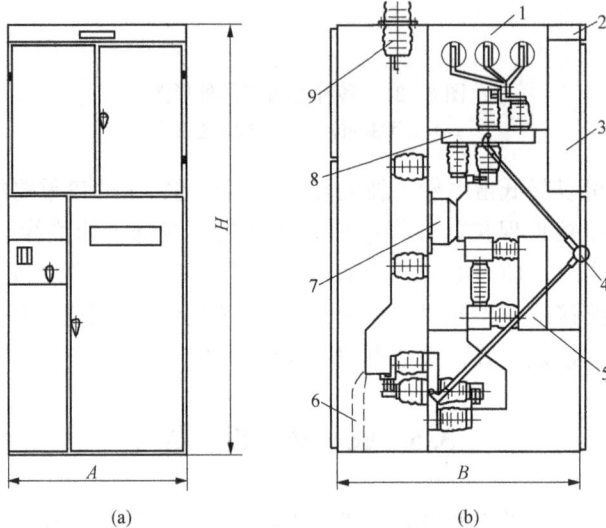

图 3-25　GG-1FQ 箱式固定柜外形示意

1—母线室；2—小母线通道；3—仪表室；4—操作及连锁机构；5—整体式真空断路器；
6—电缆出线；7—电流互感器；8—隔离开关；9—架空出线；A、B、H—开关柜外形尺寸

（2）手车式（移开式）高压开关柜是一部分电气部件都固定在可移动的手车上，另一部分电气部件装置在固定的台架上。当高压断路器出现故障需要检修时，可随时将其手车拉出，然后推入同类备用小车，即可恢复供电。因此，采用手车式开关柜检修方便安全，恢复供电快，可靠性高，但价格较贵。手车式高压开关柜外形示意如图 3-26 所示。

3.6.3　SF₆ 全封闭组合电气设备（GIS）

SF_6 全封闭组合电气设备是将变电站一次接线中的高压元器件——断路器、母线、隔离开关、接地开关、电流互感器、电压互感器、避雷器、出线套管、电缆终端等全部元件封闭于接地的金属桶体内，充以一定压力的 SF_6 气体，形成以 SF_6 为绝缘介质的金属封闭式开关设备，并通过电缆终端、进出线套管或封闭母线与外界相连。

全封闭组合电气设备是一种新型的组合式电气设备，它是在 SF_6 断路器的基础上进一步发展形成的，把各种控制和保护电气设备全部进行封装的组合电气设备。由于 SF_6 气体绝缘性能优越，所以组合电气设备体积小，能节省变电站占地面积，使变电站建成成本降低。

在地铁变电所中，由于空间相对较小，对设备之间的安全距离、设备检修等方面有较高的要求，十分适合采用封装式的组合电气设备。电气设备进行封装以后，避免了各种恶劣环

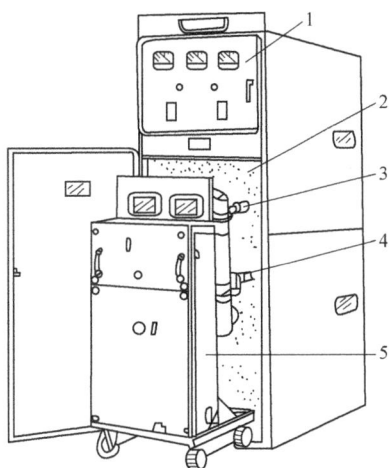

图 3 - 26　GC-10（F）高压开关柜外形示意

1—仪表屏；2—手车室；3—上触头；4—下触头（兼起隔离开关作用）；5—SN10-10 型高压开关柜

境的影响，减少了设备故障的可能性，提高了人身安全和设备检修周期。图 3 - 27 所示为 ZF220 型 GIS 结构进出线回路布置示意。

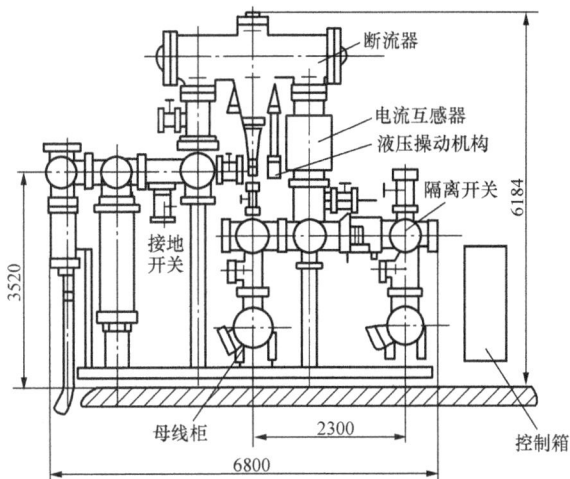

图 3 - 27　SF₆ 全封闭组合电气设备布置示意

习　题

3 - 1　简述变压器的工作原理。

3 - 2　什么是整流机组？简述其作用。

3 - 3　地铁牵引变电所是如何获得 24 脉波整流的？

3 - 4　简述高压断路器主要作用和基本要求。

3 - 5　高压断路器种类有哪些？各有什么特点？

3 - 6　什么是倒闸操作？

3-7　简述隔离开关的主要作用。

3-8　简述电流互感器的作用和工作原理。

3-9　简述电压互感器的作用和工作原理。

3-10　简述电力系统、建筑物与其他设施的常用防雷措施。

3-11　什么是 GIS? 它有哪些特点?

4 变电所的电气主接线

4.1 概   述

4.1.1 电气主接线的基本概念

变电所的电气主接线是指由断路器、隔离开关、互感器、避雷器、变压器、母线、电缆等高压一次设备，按一定的顺序连接起来用于接受和分配电能的电路。

电气主接线反映了变电所的基本结构和功能，在运行中，成为传输强电流、高电压的网络，故又称为一次接线或电气主系统。

4.1.2 电气主接线图

用规定的设备文字和图形符号并按工作顺序排列，详细地表示电气设备或成套装置的全部基本组成和连接关系的单线接线图，称为主接线电路图。电气主接线是变电所电气设计的首要部分，也是构成电力系统的首要环节。

主接线图一般用单线图表示。单线图是表示三相相同的交流电气装置中一相连接顺序的图。当三相不完全相同时，则用多线图表示。

在主接线图中，使用目标文字及图形符号。而电气设备的状态按正常状态画出，所谓正常状态就是指电路中无电压和外力作用下开关的状态，即断开状态。例如隔离开关都是以断开状态画出，如果特殊情况则应注明。供安装使用的电气主接线图，在图上要标出主要电气设备的规格型号。

常用的电气图形符号和文字符号见表 4-1。

表 4-1   常用的电气图形符号和文字符号

电气设备名称	文字符号	图形符号	电气设备名称	文字符号	图形符号
刀开关	QK		母线	W	
断路器（自动开关）	QF		导线、线路	W	
隔离开关	QS		三相导线		
负荷开关	QL		电缆（示出两端电缆头）		

续表

电气设备名称	文字符号	图形符号	电气设备名称	文字符号	图形符号
熔断器	FU		交流发电机	G	
熔断器式开关	S		交流电动机	M	
熔断器式负荷开关			单相变压器	T	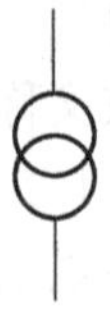
三相变压器	T		电压互感器	TV	
			三绕组变压器	T	
电流互感器 （具有一个二次绕组）	TA		三绕组电压互感器	TV	
电流互感器 （具有两个铁芯 和两个二次绕组）	TA	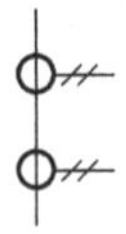	电抗器	L	
端子	X	○	阀式避雷器	F	

4.1.3　电气主接线的基本要求

电气主接线的基本要求是应包括电力系统整体及变电所本身运行的可靠性、灵活性和经济性。

1. 可靠性

供电可靠性是电力生产和分配的首要要求，停电会给国民经济带来巨大的损失，往往比少发电能的损失大几十倍，导致产品报废、设备损坏、人身伤亡等。因此，主接线的接线形式必须保证供电可靠。因事故被迫中断供电的机会越小，影响范围越小，停电时间越短，主接线的可靠程度就越高。研究主接线可靠性应注意的问题如下：

（1）考虑变电所在电力系统中的地位和作用。变电所是电力系统的重要组成部分，其可靠性应与系统要求相适应。例如，对于一个小型的农村变电所的主接线一般不要求过高的可靠性，而对一个大型超高压变电所，由于它在电力系统中的地位很重要，供电容量大、范围广，发生事故可能使系统运行受到扰动，甚至失去稳定，造成巨大损失，因此其电气主接线应采取供电可靠性高的接线方式。

（2）变电所接入电力系统的方式。现代化的变电所都接入电力系统运行。其接入方式的选择与容量大小、电压等级、负荷性质及地理位置和输送电能距离等因素有关。

（3）变电所的运行方式及负荷性质。电能生产的特点是发电、变电、输电、用电同一时刻完成。

（4）设备的可靠程度直接影响主接线的可靠性。电气主接线是由电气设备相互连接而组成的，电气设备本身的质量及可靠程度直接影响着主接线的可靠性。因此，主接线设计必须同时考虑一次设备和二次设备的故障率及其对供电的影响。随着电力工业的不断发展，大容量机组及新型设备投运、自动装置和先进技术的使用，都有利于提高主接线的可靠性，但不等于设备及其自动化元件使用得越多、越新、接线越复杂就越可靠。相反，不必要的接线设备，使接线复杂、运行不便，将会导致主接线可靠性降低。因此，电气主接线的可靠性是一次设备和二次设备在运行中可靠性的综合。采用高质量的元件和设备，不仅可以减小事故率，提高可靠性，而且还可以简化接线。此外，主接线可靠性还与运行管理水平和运行值班人员的素质有密切的关系。

2. 灵活性

电气主接线应能适应各种运行状态，并能灵活地进行运行方式的转换。不仅正常运行时能安全可靠地供电，而且在系统故障或电气设备检修及故障时，也能适应调度的要求，并能灵活、简便、迅速地倒换运行方式，使停电时间最短，影响范围最小。同时设计主接线时应留有发展扩建的余地。对灵活性的要求如下：

（1）调度时，可以灵活地投入和切除变压器和线路，调配电源和负荷，满足系统在事故运行方式、检修运行方式及特殊运行方式下的系统调度要求。

（2）检修时，可以方便地停运断路器、母线及其继电保护设备，进行安全检修而不致影响电力网的运行和对用户的供电。

（3）扩建时，可以容易地从初期接线过渡到最终接线。在不影响连续供电或停电时间最短的情况下，投入变压器或线路而不互相干扰，并对一次和二次部分的改建工作量最少。

3. 经济性

在设计主接线时，主要矛盾往往发生在可靠性与经济性之间。欲使主接线可靠、灵活，必然要选高质量的设备和现代化的自动装置，从而导致投资的增加。因此，主接线的设计应在满足可靠性和灵活性的前提下做到经济合理。一般从以下几个方面考虑：

（1）投资省。主接线应简单清楚，节省断路器、隔离开关、电流互感器、电压互感器、避雷器等一次设备；使继电保护和二次回路不过于复杂避雷器等一次设备；节省二次设备和控制电缆；限制短路电流，以便于选择价廉的电气设备或轻型电气设备；如能满足系统安全运行及继电保护要求，110kV 及以下终端或分支变电所可采用简易电气设备。

（2）占地面积小。主接线设计要为配电装置布置创造条件，尽量使占地面积减小。

（3）电能损失少。在变电所中，正常运行时，电能损耗主要来自变压器，应经济合理地选择变压器的形式、容量和台数，尽量避免两次变压而增加电能损耗。

此外，在系统规划设计中，要避免建立复杂的操作枢纽，为简化主接线，变电所接入系统的电压等级一般不超过两种。

4.1.4　电气主接线的设计原则

设计变电所电气主接线时，所遵循的总原则如下：符合设计任务书的要求；符合有关的方针、政策和技术规范、规程；结合具体工程特点，设计出技术经济合理的主接线。

为此，应考虑下列情况：

（1）明确变电所在电力系统中的地位和作用。各类变电所在电力系统中的地位是不同的，所以对主接线的可靠性、灵活性、经济性等的要求也不同，因此，就决定了有不同的电气主接线。

（2）确定变压器的运行方式。有重要负荷的变电所，应装设两台容量相同或不同的变压器。负荷低时，可以切除一台，以减小空载损耗。

（3）合理地确定电压等级。变电所高压侧电压普遍采用一个等级，低压侧电压一般为1或2个等级，目前多为一个等级。

（4）变电所的分期和最终建设规模。变电所根据5～10年电力系统发展规划进行设计。一般装设两台（组）主变压器。当技术经济比较合理时，终端或分支变电所如果只有一个电源时，也可只装设一台主变压器。

（5）开关设备的设置。在满足供电可靠性要求的条件下，变电所应根据自身的特点，尽量减少断路器的数目，特别是非重要用户的终端变电所，可适当采用熔断器、接地开关等简易开关设备，以达到提高经济性的目的。

（6）电气参数的确定。最小负荷为最大负荷的 $60\%\sim70\%$；按不同用户，确定最大负荷利用小时数；负荷同时系数 K_Σ，35kV 以下的负荷，取 $0.8\sim0.9$；大型工矿企业的负荷，取 $0.9\sim1$；综合负荷功率因数取 0.8；大型冶金企业功率因数取 0.95；线损率平均值取 $8\%\sim12\%$，有实际值时按实际值计算。

4.2　电气主接线基本形式

主接线的基本形式，就是主要电气设备常用的几种连接方式。从长期的运行实践中，我们总结归纳出几种基本的电气主接线形式：单母线不分段接线、单母线分段接线、具有旁路母线的单母线接线、双母线接线、桥形接线、简单分支接线等。

4.2.1　单母线不分段接线

单母线接线的特点是整个配电装置只有一组母线，每个电源线和引出线都经过开关设备接到同一组母线上。在主接线中，单母线不分段接线是比较简单的接线方式，如图4-1所示。

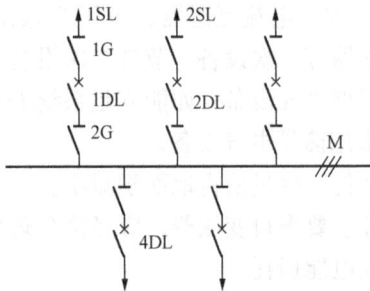

图4-1　单母线不分段接线

单母线不分段接线的优点：

（1）接线结构简单、清晰、设备少，配电装置费用低，经济性好，并能满足一定的可靠性。

（2）每回路由断路器切断负荷电流和故障电流，检修断路器时，可用两侧隔离开关使断路器与电压隔离，保证检修人员安全。

（3）任一用电回路可从任何电源回路取得电能，不会因运行方式的不同而造成相互影响。

（4）检修任一回路及其断路器时，仅该回路停电，其他回路不受影响。

单母线不分段接线的缺点：

（1）检修母线和与母线相连接的隔离开关时，将造成全部停电。

（2）母线发生故障，将使全部电源回路断电，待修复后才能恢复供电。

因此，这种接线仅用于对可靠性不高的 10～35kV 的地区负荷。

4.2.2　单母线分段接线

出线回路数增多时，可用断路器将母线分段，成为单母线分段接线，如图 4-2 所示。根据电源数目和功率，母线可分为 2～3 段。段数越多，故障时停电范围越小，但使用的断路器数量越多，其配电装置和运行也就越复杂，所需费用就越高。

单母线分段接线克服了不分段母线的工作不够可靠，灵活性差的缺点，提高了供电的可

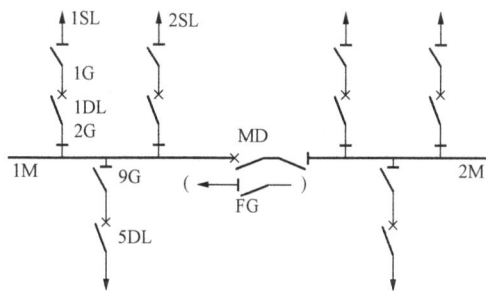

图 4-2　单母线分段接线

靠性和灵活性。分段断路器 MD 正常运行时处于接通或断开状态（由系统运行方式决定）。假设 MD 正常运行时闭合，此时两段母线并联运行，电源回路和同一负荷的馈电回路应交错连接在不同的分段母线上，这样，当母线在检修时，停电范围缩小一半。母线故障时，分段断路器 MD 由于保护动作而自动跳闸，将故障母线断开，非故障母线及与其相连接的线路仍照常工作，仅使故障段母线连接的电源线路与馈电回路停电。用隔离开关分段的接线可靠性稍差一些，母线故障时将短时全部停电，用隔离开关后，非故障段母线即可恢复供电。

单母线分段接线的优点：

（1）用断路器把母线分段后，对重要用户可以从不同段引出两个回路，由两个电源供电。

（2）当一段母线发生故障，分段断路器自动将故障段切除，保证正常段母线不间断供电和不致使大面积停电。

单母线分段接线的缺点：

（1）当一段母线或母线隔离开关故障或检修时，该段母线的回路都要在检修期间内停电。

（2）当出线为双回路时，常使架空线路出现交叉跨越。

（3）扩建时需向两个方向均衡扩建。

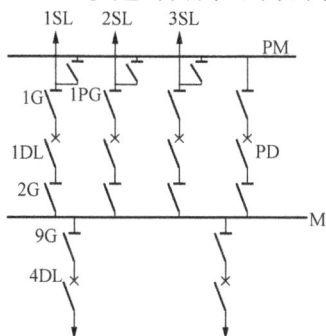

图 4-3　具有旁路母线的单母线接线

单母线分段接线广泛应用于 10～35kV 的地区负荷、各种城市牵引变电所和 110kV 电源进行回路较少的 110kV 接线系统。

4.2.3　具有旁路母线的单母线接线

单母线分段接线虽能提高运行的可靠性与灵活性，但线路断路器检修或故障时将使该回路停电。而实际运行中，断路器的故障率较高，检修频繁，是配电装置中的薄弱环节，为克服这一缺点，可采用如图 4-3 所示的具有旁路母线的单母线接线。

　　正常工作时，M 为工作母线，此时旁路断路器 PD 断开，旁路母线与各回路相连的隔离开关也断开。当任意线路断路器如 1DL 需要检修时，可用旁路断路器代替它，不至于使该回路全部停电。

　　具体操作过程如下：先投入旁路断路器 PD（PD 两侧隔离开关先合上）和 1PG，然后切断 1DL，再切断 1DL 两侧隔离开关。这样便完成了由 PD 代替 1DL 的转换而使线路 1SL 不停电。需要指出，由于隔离开关不能带负荷切断和闭合电路，上述操作顺序应当严格遵守。

　　具有旁路母线的单母线接线具有以下优点：①解决了断路器的公共备用和检修备用；②在调试、更换断路器及内装式电流互感器，整定继电保护时都可不必停电。其主要缺点是增加了一套旁路母线和相应的设备，从而增加配电装置的占地面积。

　　具有旁路母线的单母线接线广泛应用于牵引负荷和 35kV 以上变电所中，特别是负荷较重要、线路断路器多、检修断路器不允许停电的场合。

4.2.4　双母线接线

　　双母线接线如图 4-4 所示。设有两套母线，即工作母线 1M 和备用母线 2M，两套母线通过母联断路器 MD 连接起来，每条电源线路和馈电线路经断路器后用两只隔离开关分别与两条母线连接，正常运行时，仅母线 1M 工作，所有与 1M 相连接的隔离开关闭合，而与 2M 连接的隔离开关断开，母联断路器 MD 打开。

　　双母线接线具有以下优点：

　　（1）双母线接线中，由于它比单母线接线增加了一条备用母线，因此当母线发生故障时，可将全部回路迅速转换到由备用母线供电，缩短停电时间。

　　（2）检修母线时可倒换到由另一套母线供电而不中断供电。

　　（3）检修任一回路的隔离开关时，只需使本回路停电。

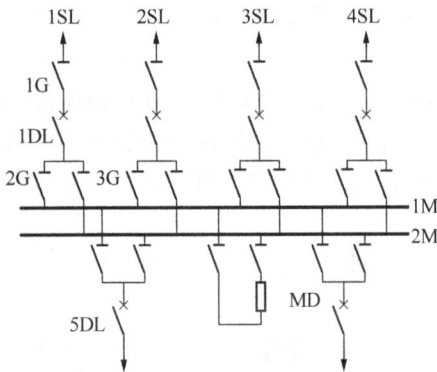

图 4-4　双母线接线

　　（4）无备用断路器情况下，检修任一断路器时，可通过一定的转换操作，用母联断路器代替被检修的断路器，因而停电时间很短，这时电路按具有旁路母线的单母线运行，被检修断路器两侧用电线跨接。

　　（5）双母线接线方式具有较好的运行灵活性。它还可以按单母线分段的接线方式运行，只需将一部分电源回路和馈电回路接至一套母线，而将其余回路接入另一套母线，通过母联断路器使两套母线连接且并联运行。

　　缺点：①隔离开关的数量多，配电装置结构复杂；②转换步骤较烦琐，且一次费用和占地面积都相应增大。

　　双母线接线适用于牵引变电所电源回路较多（四回路以上），且具有通过母线给其他变电所输送大功率供电回路的场合。对于 110kV 以上电压的变电所母线，如线路较多且不允许停电，则可采用具有旁路母线的双母线接线。

4.2.5　桥形接线

当只有两台主变压器和两条电源进线线路时，可以采用如图 4-5 所示的接线方式。这种接线称为桥形接线。其特点是有一条横跨连接的"桥"。

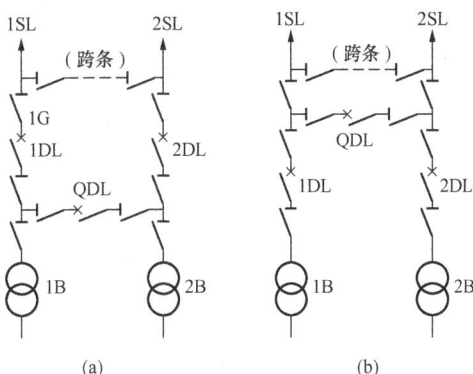

图 4-5　桥形接线
(a) 内桥形接线；(b) 外桥形接线

桥形接线的桥臂由断路器及其两侧隔离开关组成，正常运行时处于接通或断开状态（由系统运行方式决定）。根据桥臂的位置不同，可分为内桥形接线、外桥形接线两种形式。

1. 内桥形接线

内桥形接线如图 4-5 (a) 所示。桥臂位于线路断路器的内侧，靠近主变压器。其特点如下：

(1) 线路发生故障时，仅故障线路的断路器跳闸，其余三条支路可继续工作，并保持相互间的联系。例如线路 1SL 发生故障时，仅 1DL 自动跳闸，两台变压器仍能正常运行，由线路 2SL 供电。

(2) 当变压器回路（如 1B）发生故障或检修时，须断开 1DL 和 QDL，再断开两侧相应的隔离开关，即经过倒闸操作，对变压器 1B 进行电气隔离。此时 1B 退出运行，仅 2B 工作。恢复供电时，先闭合两侧隔离开关，再闭合 1DL、QDL 方可恢复对该线路的供电。

(3) 线路运行时变压器操作复杂。

内桥接线适用于输电线路较长、线路故障率较高、穿越功率小和变压器不需要经常改变运行方式的场合。

2. 外桥形接线

外桥形接线如图 4-5 (b) 所示，桥臂位于线路断路器的外侧。其特点如下：

(1) 变压器发生故障时，仅跳故障变压器支路的断路器，其余支路可继续工作，并保持相互间的联系。

(2) 线路发生故障时，联络断路器及与故障线路同侧的变压器支路的断路器均自动跳闸，需经倒闸操作后，方可恢复被切除变压器的工作。

(3) 线路投入与切除时，操作复杂，影响变压器的运行。

这种接线适用于线路较短、故障率较低、主变压器需按经济运行要求经常投切，以及电力系统有较大的穿越功率通过桥臂回路的场合。

4.2.6　简单分支接线

对于某些中间式（或终端式）牵引变电所，如采用从输电线路分支连接（又称 T 形连

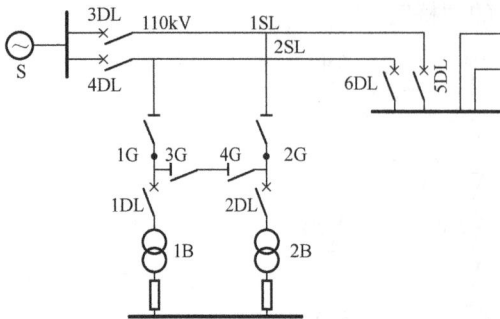

图 4-6　简单接线

接）的电源线路，且进线线路较短，变电所高压母线无穿越功率通过的情况下，上述桥形接线的桥断路器没有任何作用。但考虑运行的灵活性，可在两电源线路间保留带有隔离开关的跨条，形成如图 4-6 所示的简单接线或称双 T 形接线。

这种接线与桥形接线相比，需用的高压电气设备更少，配电装置结构更简单，分支线路进线不设继电保护，任一电源线路故障，由输电线路两侧的继电保护动作，使两端

（3DL 与 5DL 或 4DL 与 6DL）跳闸断开。变电所运行方式按电源参数的不同分为以下两种运行情况：

（1）电源线路允许在低压侧并联，则正常时采用两路电源进线同时供电，跨条上隔离开关断开的运行方式，这时两路电源线路应满足相位一致，并联点电压相等的条件。当一路输电线或电源线路故障而断电后，从变电所用隔离开关 1G（或 2G）把故障线路隔断，并将连接在故障电源线路上的主变压器转换到由正常工作的电源线路供电（两台变压器并联）。

（2）如果两回路电源线路不存在并联条件，因而不允许在一次侧或低压侧并联工作，则将两路电源线路中的一路作为主电源，为并联运行的两台变压器供电，另一电源线路为备用电源，平时用隔离开关将其断开，当主电源故障中断供电时，则转换到由备用电源对并联运行的变压器供电。

习　题

4-1　简述变电所电气主接线的基本概念。

4-2　简述电气主接线图的基本概念。

4-3　对电气主接线的基本要求是什么？

4-4　画出单母线不分段接线和单母线分段接线的电气主接线图，并简述其特点和适用的场合。

4-5　画出具有旁路母线的单母线接线和双母线接线的电气主接线图，并简述其特点和适用的场合。

4-6　桥形接线有哪些类型？分别画出其电气主接线图，并简述其特点和适用的场合。

4-7　简述简单分支接线的特点，并画出其电气主接线图。

5 主 变 电 所

对于集中式外部电源方案，应建设城市轨道交通用主变电所。

主变电所的功能是将来自城市电网的高压电源降成地铁使用的中压，供给牵引供电系统和动力照明系统。

5.1 所 址 选 择

5.1.1 基本原则

主变电所选址应符合以下原则：

（1）靠近负荷中心，邻近城市轨道交通线路布置。

（2）满足中压网络压降要求。

（3）满足城市轨道交通供电网络规划中主变电所资源共享的要求。

（4）和城市规划、城市电网规划相协调。

（5）可独立，也可合建。

（6）便于电缆线路引入引出。

（7）便于设备运输。

（8）周围环境宜无明显污秽。

（9）具有适宜的地质、地形和地貌条件（如避开断层、塌陷区等）。

（10）应考虑主变电所与周围环境、邻近设施的相互影响。

5.1.2 根据负荷特点确定主变电所沿线路布置

城市轨道交通主变电所的负荷沿线路呈线状分布。这种负荷特点要求主变电所的位置只能沿线路布置，尽量靠近轨道线路，一般控制在几百米范围之内。

5.1.3 根据电压损失确定主变电所数量

一条城市轨道交通线路是设置一个主变电所，还是设置两个及以上的主变电所，其数量取决于负荷分布及大小（负荷矩），即中压网络电缆的压降应满足设计要求。GB 50157—2013《地铁设计规范》规定：供电系统的中压网络应按列车运行的远期通过能力设计，对互为备用线路，一路退出运行另一路应承担其一、二级负荷的供电，线路末端电压损失不宜超过 5%。

据此确定主变电所数量，并初步确定主变电所的大致位置。在沿线用电负荷基本均匀的情况下，若设一座主变电所，则首选位置考虑在线路的长度中心附近；若设两座主变电所，则首选位置考虑在线路长度的 1/4 及 3/4 处。

5.1.4 根据城市规划要求确定主变电所位置

主变电所的位置选择必须考虑外部电源引入方便，并与城市电网规划相协调。

5.1.5　根据所处城市位置确定主变电所结构形式

城市变电所按其结构形式分类见表5-1。

城市轨道交通主变电所多采用户内式、半户外式、地下式。其结构的选择要根据所处城市的不同位置而进行。

表5-1　　　　　　　　　　　　城市变电所按其结构形式分类

分类	结　构　形　式	
1	户外式	全户外式 半户外式
2	户内式	常规户内式 小型户内式
3	地下式	全地下式 半地下式

（1）布设在市区边缘或郊区、县的主变所，采用布置紧凑、占地较小的半户外式结构。

（2）布设在市区内或市中心的主变所，采用户内式结构。

5.2　电气主接线

城市轨道交通主变电所电气主接线有高压侧主接线和中压侧主接线。

5.2.1　高压侧主接线形式

目前，主变电所高压侧常用的主接线有三种：线路-变压器组接线、内桥形接线和外桥形接线。

1. 线路-变压器组接线

线路-变压器组接线如图5-1（a）所示。该接线方式的特点如下：

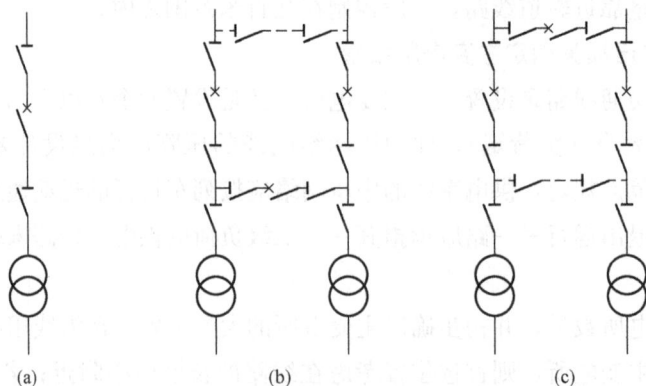

图5-1　主变电所三种接线方式

（a）线路-变压器组接线；（b）内桥形接线；（c）外桥形接线

（1）主变电所两路高压电源进线（如 110kV），可以都是专线，也可以一路专线，另一路 T 接。高压侧采用线路-变压器组接线。

（2）该接线方式简洁，高压设备少，占地小，投资省，继电保护简单。

（3）在正常运行方式下，两路线路各带一台主变压器。

（4）如果主变压器一、二级负荷的负载率较低，系统发生故障时，恢复供电操作十分方便。当一台主变压器或一条线路故障退出运行时，只需在主变电所中压侧做转移负载操作，由另一路进线电源的主变压器承担本主变电所范围内的全部一、二级负荷供电，对相邻主变电所无影响。

（5）如果主变压器一、二级负荷的负载率较高，系统发生故障时，当一台主变压器或一条线路故障退出运行时，需要通过相邻主变电所联络来转移部分负荷，实现相互支援。

该主接线形式适用于当主变电所不设高压配电装置，并且一台主变压器退出运行时，其他主变压器能承担本主变电所范围内的全部一、二级负荷供电的情况。该接线形式广泛应用于城市轨道交通主变电所。

2. 内桥形接线

内桥形接线如图 5-1（b）所示。该接线方式的特点如下：

（1）主变电所两路高压电源进线（如 110kV），可以都是专线，也可以一路专线，另一路 T 接。高压侧采用内桥形接线。

（2）内桥接线的连接桥断路器设置在内侧，其余两台断路器接在线路上，因此，线路的切除和投入比较方便，并且当线路发生短路故障时，仅故障线路的断路器断开，不影响其他回路运行。但变压器故障时，则与该变压器连接的两台断路器都要断开，从而影响一回未故障线路的运行。

（3）在正常运行方式下，桥连断路器打开，类似于线路-变压器组接线，两路线路各带一台主变压器。

（4）这种接线是所有接线中需用断路器最少也是最节省的一种接线，4 个回路只有 3 台断路器。

对于电源线路较长、故障率较高的情况，采用内桥形接线可以提高供电可靠性。

3. 外桥形接线

外桥形接线如图 5-1（c）所示。该接线方式的特点如下：

（1）主变电所两路高压电源进线（如 110kV），可以都是专线，也可以一路专线，另一路 T 接。高压侧采用外桥形接线。

（2）连接桥断路器设置在外侧，其他两台断路器接在变压器回路中，线路故障，进行切除和投入操作时，需动作与之相连的两台断路器并影响一台未故障变压器的运行。但变压器的切除和投入时，不影响其他回路运行。

（3）在正常运行方式下，桥联断路器打开，类似于线路-变压器组接线，两路线路各带一台主变压器。当一路电源进线失电后，外桥连断路器合闸，由另一路电源进线向分挂在两段母线上的两台主变压器供电，承担本主变电所范围内的全部一、二级负荷供电，必要时切除三级负荷。

（4）这种接线线路的投入和切除十分方便。

外桥形接线适用于电源线路较短、故障率较少的情况。当电源有穿越性功率经过变电所时，也可采用外桥形接线。根据目前国内城网的情况，城市轨道交通主变电所属终端变电所，没有穿越性功率，因而基本不采用这种接线。

5.2.2　中压侧主接线形式

城市轨道交通主变电所中压侧一般采用单母线分段形式，并设置母线分段开关，主变电所中压侧单母线分段主接线如图 5-2 所示。该接线的特点如下：

（1）主变电所中压侧一般采用单母线分段形式接线，并设置母线分段开关。

（2）在正常运行方式下，两段母线分列运行；牵引变电所和降压变电所可以从不同母线段取得中压电源。

（3）当主变电所一段中压母线故障时，该段母线上的进线开关分闸，同时该段母线上馈线所接的第一级牵引或降压变电所进线也应失压跳闸，由另一段中压母线继续供电。

（4）当一路高压进线失电或一台主变压器退出后，中压母线分段开关迅速合闸，由另一台主变压器承担本主变电所范围内的全部一、二级负荷供电，必要时切除三级负荷。

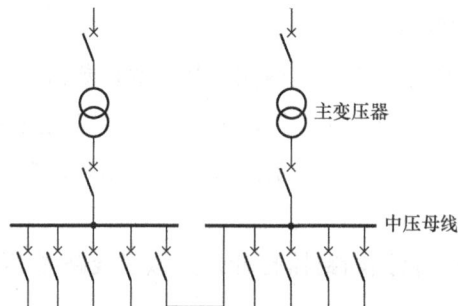

图 5-2　主变电所中压侧单母线分段主接线

5.2.3　典型主变电所主接线图

主变电所内桥形主接线图如图 5-3 所示，线路变压器组接线图如图 5-4 所示。

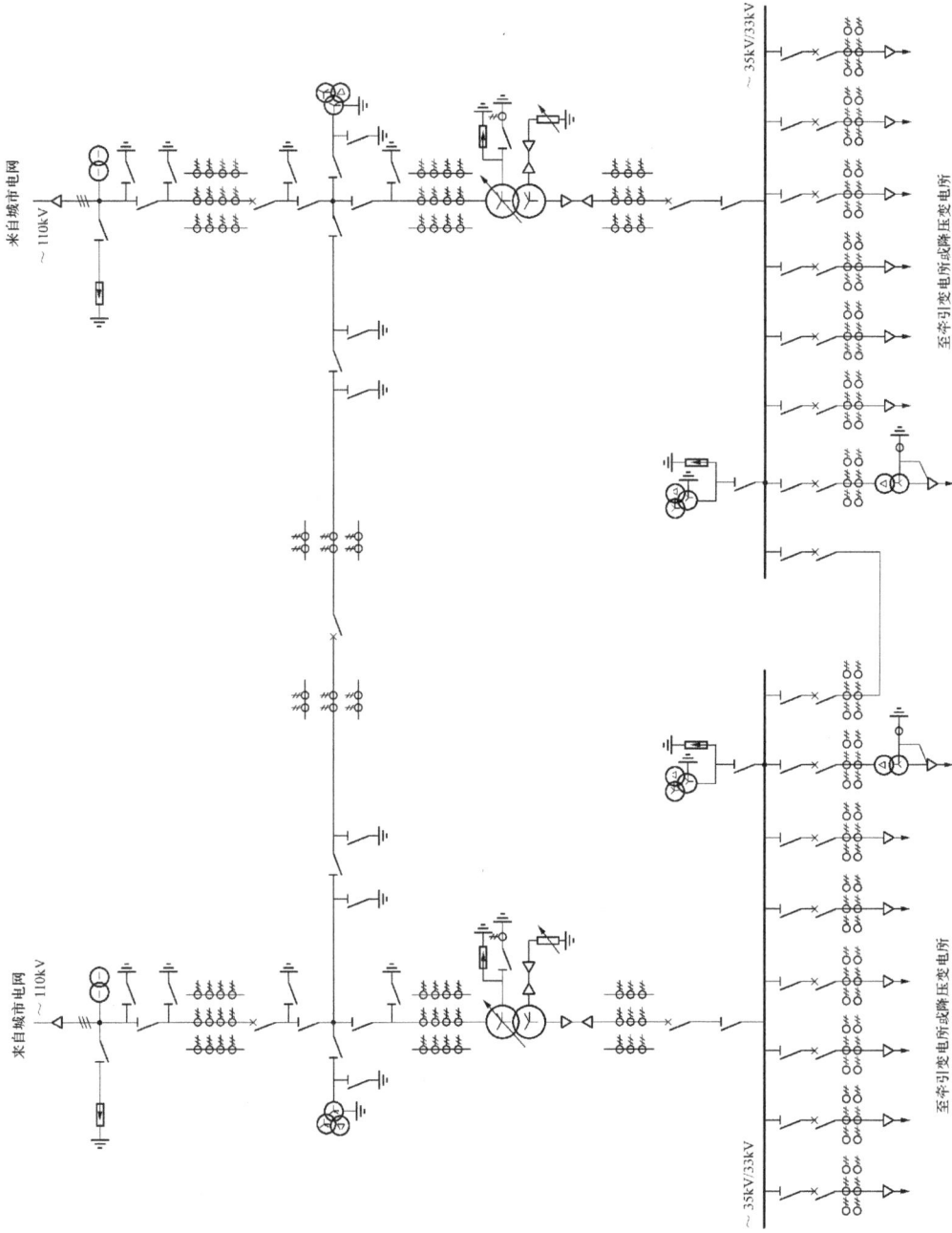

图 5 - 3　典型主变电所主接线图（内桥形接线）

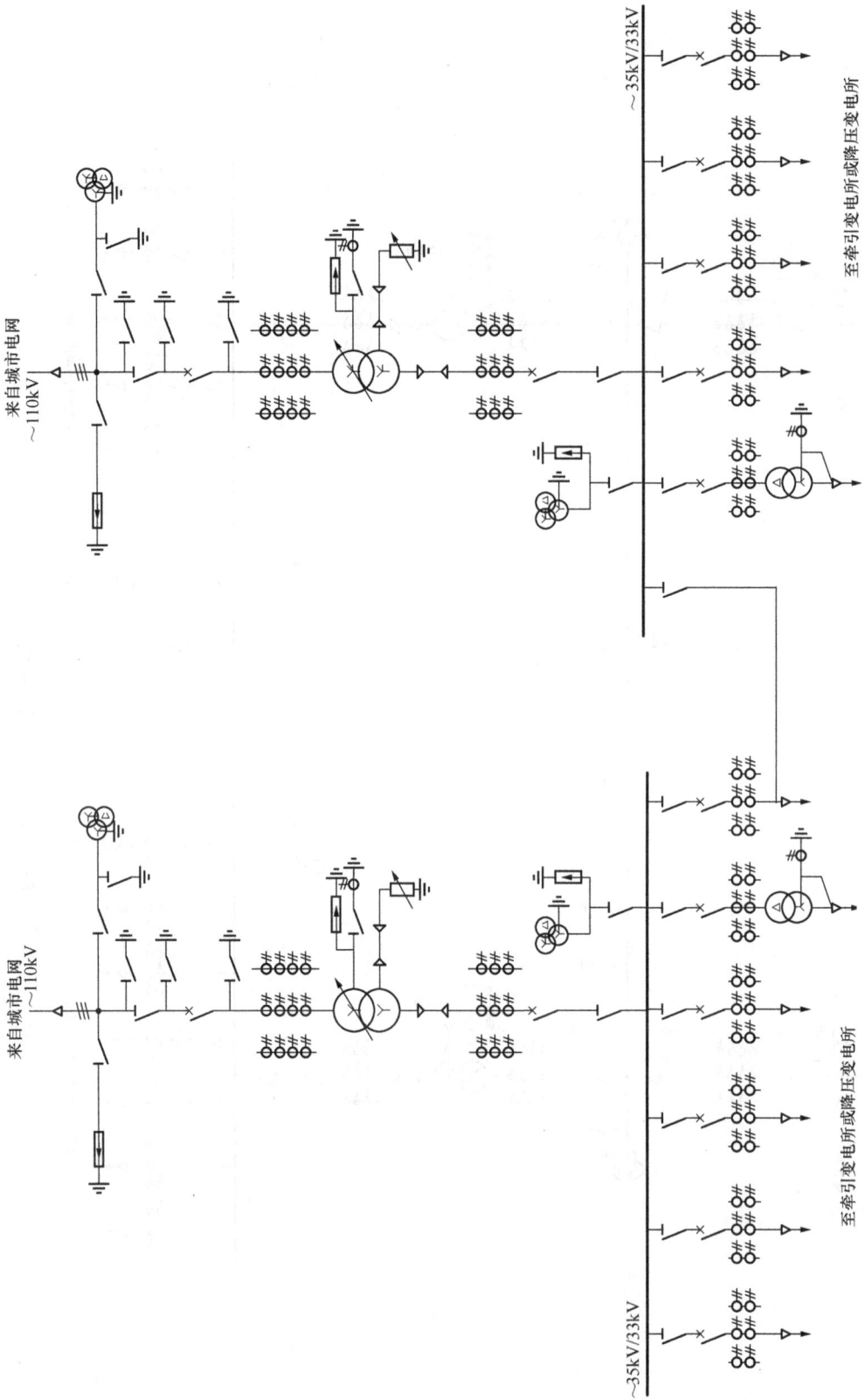

图 5 - 4　典型主变电所主接线图 (线路变压器组接线)

5.3　主变压器选择

主变压器的选择包括主变压器台数与容量的确定、主变压器选型、主变压器阻抗的选择、主变压器电压调整方式的选择以及冷却方式等。

5.3.1　主变压器台数的选择

（1）主变压器台数的选择应结合供电网规划、中压网络形式、系统运行方式、主变电所容量备用要求等综合因素分析确定。

（2）目前，国内城市轨道交通主变电所均设两台主变压器，互为备用。正常情况下，两台变压器并列运行，各负担约50%的用电负荷。

（3）国外城市轨道交通主变电所中主变压器数量不相同，有两台的、三台的，还有五台的。

德黑兰1号线、2号线的主变电所，高压侧为63kV，中压侧为20kV。每座主变电所共设置3台主变压器，其中初期安装2台，远期预留1台。当初期安装的2台主变压器容量不能满足远期运行需要时，将安装第3台主变压器，实现对该主变电所的增容。初期变电所设计时，就为第3台主变压器及需要增加的63kV GIS间隔、20kV开关设备预留了位置。

开罗地铁3号线一期工程的主变电所，高压侧为220kV，中压侧为20kV。220kV为双母线隔离开关分段接线，每段母线上有两路进线。一段母线上接3台主变压器，2台给牵引变电所供电，1台给降压变电所供电；另一段接2台主变压器，1台给牵引变电所供电，1台给动力照明变电所供电。20kV则有5个主母线段对应5台主变压器，其中3个为20kV牵引母线段，2个为20kV动力照明母线段。

5.3.2　主变压器容量的确定

主变压器容量的选择，涉及供电网络资源共享、运行方式、建设时序、建设资金等多方面的因素，需要综合考虑。

1. 供电网络资源共享对主变压器容量选择的影响

对于已经完成城市轨道交通供电网络规划的城市，新建主变电所的主变压器容量的选择，应根据城市轨道交通供电网络规划进行。设计阶段要对主变电所的供电范围进行确认，并根据最新资料对主变压器容量进行核算。在供电网络资源共享的情况下，主变压器容量规格与单线建设时相比会有所增加。

对于尚未完成城市轨道交通供电网络规划的城市，作为确定主变压器容量的设计条件，应首先确定要不要考虑主变电所的资源共享。如果考虑，应明确考虑的原则，即依据资源共享方案确定主变压器容量按照多少预留。

2. 运行方式对主变压器容量选择的影响

GB 50157—2013《地铁设计规范》明确规定，主变压器数量与容量宜根据近、远期负荷计算确定、分期实施，并在一台主变压器退出运行时其他变压器能担负供电范围内的一、二级负荷。

目前，国内城市轨道交通主变电所一般设置两台主变压器。正常运行时，两台主变压器共同承担本所供电范围内的用电负荷。当一台主变压器退出运行时，另一台主变压器应能担负重新调度后供电范围内的一、二级负荷，保证列车正常运行。当一座主变电所退出运行时，其他相邻主变电所承担全线一、二级负荷的供电要求。

对于同期建设的具有主变电所共享条件的线路，主变压器近期负荷与远期负荷均应按共享后合并计算；对于建设时序相差较大的具有主变电所共享条件的线路，主变压器的近期负荷可只考虑先期建设线路的用电负荷，但对于远期负荷应按共享后合并计算。

3. 建设资金对主变压器容量选择的影响

根据《地铁设计规范》的规定，地铁工程的设计年限分为初期、近期和远期三期。初期按建成通车后第 3 年要求设计，近期按第 10 年要求设计，远期按第 25 年要求设计。主变电所应根据远期高峰小时各类负荷的用电需求设计一次完成。经综合比较后，主变压器等设备配置可以按近、远期分期实施，也可按远期需求一次建成。但在分期实施时土建规模应按远期预留。

经计算，如果近、远期主变压器容量差别不大，初期投资相差不大，则建议主变压器等设备配置可以按远期一次到位；如果近、远期主变压器容量差别较大，结合主变压器使用寿命，则建议主变压器等设备配置按近、远期分期实施，以节省工程初期投资。

4. 用电负荷计算与主变压器容量选择

按近、远期两种情况，分别计算正常用电负荷及一台主变压器退出运行时两种不同运行方式下的用电负荷。根据两者中的大者，分别确定近、远期主变压器容量。

当不受运输条件限制时，在 330kV 及以下的发电厂和变电所，均应选用三相变压器。城市轨道交通主变电所高压侧电压为 110kV 或以下，因而均选用三相变压器。

目前，我国城市轨道交通主变压器一般采用两线圈变压器。随着 35kV 设备的小型化及价格的降低，大多城市的城市轨道交通采用 110/35kV 两线圈变压器，少数城市的城市轨道交通由于历史等原因仍采用 110/10kV 两线圈变压器。

目前主变压器一般采用 Yd 接线，有载调压开关装在高压侧。

5.3.3 主变压器阻抗的选择

变压器的阻抗实质就是绕组间的漏抗。阻抗的大小主要取决于变压器的结构和采用的材料。当变压器的电压比和结构、形式、材料确定之后，其阻抗大小随着变压器容量的增加有增大的趋势，但并不与容量的增加成正比。

从主变压器设备自身制造来说，其阻抗过大，会提高其制造成本。从电力系统稳定和供电电压质量考虑，也希望主变压器的阻抗越小越好，因为阻抗越小电压损失越小；但阻抗偏小又会使系统短路电流增加，造成中压电气设备选择少、造价高。主变压器阻抗的选择要考虑如下原则：各侧阻抗值的选择必须从电力系统稳定、潮流方向、功率分配、继电保护、短路电流、系统内的调压手段等方面进行综合考虑，并应以对工程起决定性作用的因素来确定。

主变压器阻抗的选择与系统短路容量、变压器额定容量密切相关。根据 GB 50293—1999《城市电力规划规范》规定各级电网的规划短路容量如下：110kV 为 20kA，35kV 为 18kA，10kV 为 16kA。据统计，目前 110kV 电网短路容量距 20kA 尚有一定距离，但随着 110kV 电网短路容量的不断增大，10kV 短路容量已经接近甚至超过了 16kA。当系统短路容量和变压器额定容量不变时，阻抗越大，低压侧短路电流越小。

5.3.4 主变压器调压方式的选择

主变分接头应根据电网电压水平选择，根据《电力系统电压质量和无功电力管理规定》，

110kV 电源最高电压取 $110 \times (1+0.07)$ kV，最低电压取 $110 \times (1-0.03)$kV；35kV 系统其供电电压正、负偏差绝对值之和不超过标称电压的 10％；10kV 母线电压合理范围为 10.0～10.7kV。

为保证中压母线电压在合格范围内，应采用有载调压变压器。实际工程中主变压器分接头范围一般选择（110±8）×1.25％kV，其主分接头位置则根据城网的潮流计算来确定。

5.3.5 主变压器的冷却方式

主变压器一般采用的冷却方式有自然风冷却、强迫油循环风冷却、强迫油循环水冷却、强迫油循环导向冷却。

小容量变压器一般采用自然冷却或自然风冷却。大容量变压器一般采用强迫循环风冷却。在发电厂水源充足的情况下，为了压缩占地面积，大容量变压器也有采用强迫油循环水冷却方式的。在 100MVA 以上的大容量变压器中，有的也采用强迫油循环导向冷却方式。

根据目前国内变压器制造水平，对于城市轨道交通用主变压器，110kV 等级容量50MVA 以下的，一般采用自然冷却方式。

5.4 主变压器中性点接地方式

主变压器中性点接地方式是一个综合性问题。它与电压等级、单相接地短路电流、过电压水平、保护配置等有关，直接影响系统供电的可靠性和连续性、主变压器的运行安全、对通信线路的干扰等。

中性点接地方式可以分成中性点直接接地或经小电阻接地、中性点非直接接地。中性点非直接接地又可以分成中性点不接地、中性点经消弧线圈接地、中性点经高电阻接地。

5.4.1 确定中性点接地方式的原则

（1）单相接地故障对连续性供电的影响最小，用电设备能够继续运行较长时间。

（2）单相接地故障时，非接地相的过电压倍数较低，不至于破坏用电系统的绝缘水平，发展为相间短路。

（3）发生单相接地故障时，能将故障电流对电动机、电缆等的危害限制到最低限度，同时有利于实现灵敏且有选择性的接地保护。

5.4.2 主变压器中性点接地方式

（1）主变压器 110kV 侧中性点接地方式。根据有关标准，我国 110kV 及以上电力系统为中性点直接接地系统。但在实际运行中，主变压器高压侧中性点是否直接接地，则根据地区电网具体运行情况确定。有时一个主变电所的两台主变压器，其高压侧一台接地而另一台不接地。

（2）主变压器 10～35kV 侧中性点接地方式。6～63kV 电网采用中性点不接地方式，但当接地电容电流大于 30A（6～10kV 电网），或 10A（20～63kV 电网）时，中性点应经消弧线圈接地或小电阻接地。

城轨供电系统中压网络全为电缆线路，其电容电流比较大。电容电流可按下式进行估算：

$$I = KUL \text{（A）} \tag{5-1}$$

$$K = \frac{95 + 1.44S}{2200 + 0.23S} \tag{5-2}$$

式中　U——电缆的额定电压，kV；

　　　L——电缆的总长度，km；

　　　S——电缆线芯总截面，mm²。

（3）中性点设备的选择。安装在 Yd 接线双绕组变压器中性点上的消弧线圈的容量，不应超过变压器三相容量的 50%，并且不得大于三绕组变压器任一绕组的容量。安装在 Yy 接线的变压器中性点上的消弧线圈的容量，不应超过变压器三相容量的 20%。

主变压器大部分采用 Yd 接线。当主变压器无中性点或中性点未引出时，应装设专用接地变压器。选择接地变压器容量时，可考虑主变压器的短时过负荷能力。接地变压器的特性要求是零序阻抗低，空载阻抗高，损失小。采用曲折形接法的变压器，能满足这些要求。

习　题

5-1　主变电所选址应符合哪些原则？

5-2　画出城市轨道交通主变电所高压侧电气主接线图，并分析其各自的特点。

5-3　画出城市轨道交通主变电所中压侧电气主接线图，并分析其特点。

5-4　如何对主变压器台数进行选择？

5-5　对主变压器容量进行选择时，应该综合考虑哪些因素？

6　中　压　网　络

通过中压电缆，纵向把上级主变电所和下级牵引变电所、降压变电所连接起来，横向把全线的各个牵引变电所、降压变电所连接起来，便形成了中压网络。

地铁中压供电系统是地铁供电网络的核心内容，是保证地铁供电可靠性的关键因素。这是因为高压系统受地区供电系统控制，对于地铁而言是不可控的，因此，当高压系统出现故障时，中压系统的网络可靠性就成为地铁供电的关键因素，地铁的牵引供电、环控照明等用电也都是通过中压系统来降压后供电的。

根据中压网络功能的不同，把为牵引变电所供电的中压网络称为牵引供电网络，简称牵引网络；同样，把为降压变电所供电的称为动力照明供电网络，简称动力照明网络。目前，国内地铁工程经常采用的形式有牵引动力照明混合网络与牵引动力照明独立网络。

牵引动力照明混合网络采用同一电压等级，并通过公用电源电缆同时向牵引变电所、降压变电所提供中压电能，供电系统的整体性比较好。牵引动力照明独立网络既可采用不同的电压等级，也可采用同一电压等级，牵引网络与动力照明网络相对独立，彼此相互影响小。对于集中式供电系统，牵引网络和动力照明网络可以采用相对独立的形式，即牵引动力照明独立网络，也可以共用混合网络。对于分散式供电系统，则采用牵引动力照明混合网络。中压网络内部结构形式涉及中压网络供电安全准则及其运行方式。

中压网络有两大属性：一是电压等级，二是构成形式。

6.1　中压网络的电压等级

6.1.1　目前国内外地铁电压等级概况

地铁中压网络电压等级是采用 35kV 还是采用 33、20kV 或者 10kV，主要结合外部电源、线路走向、运能、站点设置、设备供应情况等诸多因素，进行技术经济比较，选择适合工程实际的电压等级。目前世界上不同国家的中压系统所采用的电压等级有很大的区别。一些主要国家的中压电网电压等级现状如下：

（1）美国的中压电网以 12kV 和 13kV 系统为主体，部分地区采用 33kV、34.5kV、69kV 电压等级。

（2）英国中压电网电压等级为 132、33、11kV；法国中压电网的标准交流电压等级有 63、20、15kV；德国、意大利和芬兰的中压系统计划统一采用 20kV 电压等级。

（3）俄罗斯电力系统电压等级与我国相似，中压电网电压等级为 35、11、10kV。

（4）日本中压电网电压等级分为 66、22、6.6kV。

从以上数据可以看出，各国中压电压等级情况有所不同，主要与地域和工业发展历史有着密切关系。

我国现行的中压配电标准电压等级有 35、20、10、6、3kV。目前，国内既有地铁的中压网络电压等级只采用了三种，即 35kV、33kV（采用国外设备）和 10kV。北京地铁、天津地铁、长春轨道交通环线一期工程、大连快速轨道交通 3 号线的中压网络为 10kV；上海地铁 1、2 号线的牵引网络采用了 33kV，动力照明网络采用了 10kV；上海地铁明珠线的牵引网络采用了 35kV，动力照明网络采用了 10kV；广州地铁 1、2 号线采用了 33kV 的牵引动力照明混合网络；南京地铁南北线一期工程、深圳地铁采用了 35kV 的牵引动力照明混合网络；武汉轨道交通一期工程、重庆轨道交通较新线工程采用了 10kV 的牵引动力照明混合网络。

　　然而，随着城乡电力消费的增长，发展城乡 20kV 配电网已提到日程上来。20kV 是目前公认的具有发展前景的优选电压级。20kV 开关柜、变压器、电力电缆等一系列设备，也完全实现了国产化。近年已颁布的 GB/T 156—2007《标准电压》中表明，20kV 也是可使用的电压级。另外，GB 50157—2013《地铁设计规范》中规定：地铁中压网络的电压等级可采用 35（33）、20、10kV。因此，在我国城乡电网及 20kV 设备这个大环境已经发生变化的情况下，在地铁中压网络的电压等级选用上，也应该拓宽思路，认真比较，优化选用。换言之，不能仅局限于以往的 35kV（33kV）和 10kV，应该认识到，20kV 也是可用的，并已成为一个备选电压级。这是因为，地铁供电系统，尤其是集中式供电系统，与其他公用用户相比，相对独立，自成系统，无论从施工建设，还是运营管理、养护维修等均相对独立。从这个角度来说，城市轨道交通中压网络的电压等级不一定与外部电网电压等级相一致。实际上，上海地铁、广州地铁，已采用了国外的 33kV 设备，而我国电压等级是 35kV，并非 33kV。另外，像南京地铁、深圳地铁采用的 35kV，也是这两座城市市区电网所要取消的电压级。换言之，在地铁中压网络电压等级与外部市网电压等级的关系上，是采用 35kV 还是采用 33kV 或者 20kV，其性质和概念上是一样的。

6.1.2　不同电压等级的中压网络的特点

　　(1) 35kV 中压网络，国家标准电压级。输电容量较大、距离较长；设备来源于国内；设备体积较大，占用变电所面积较大，不利于减小车站体量；设备价格适中；国内没有环网开关，因而不能用（相对于断路器柜）价格较便宜的环网开关，构成接线与保护简单、操作灵活的环网系统；广州地铁、上海地铁已经采用。

　　(2) 33kV 中压网络，国际标准电压级。输电容量较大、距离较长，基本与 35kV 一致；设备来源于国外，不利于国产化；国外开关设备体积较小、价格较高，广州、上海地铁已经采用；国外 C-GIS 产品有环网单元。

　　(3) 20kV 中压网络，国际标准电压级。输电容量及距离适中，比 10kV 系统大。设备完全实现国产化；引进 MG、ALSTHOM 等技术的开关设备，体积较小，占用变电所面积远小于国产 35kV 设备，有利减小车站体量，节省土建投资；价格适中；有环网单元，能构成接线与保护简单、操作灵活的环网系统；国内地铁尚没有采用，但国外地铁多有采用。

　　(4) 10kV 中压网络，国家标准电压级。输电容量较小、距离较短；设备来源国内；设备体积适中；设备价格较低；环网开关技术成熟、运营经验丰厚，可用其构成保护简单、操作灵活的环网系统；国内外地铁广为采用。

6.1.3　不同电压等级供电能力分析

1. 电压等级与功率输送能力及电压损失的关系

线路输送功率计算公式为

$$P = \sqrt{3}UI\cos\varphi \tag{6-1}$$

式中 P——线路输送功率，kW；

    U——系统标称电压，kV；

    I——线路计算电流，A；

    $\cos\varphi$——负荷功率因数。

线路电压损失计算公式为

$$\Delta u\% = \frac{1}{10U^2}(R' + X'\tan\varphi)Pl \tag{6-2}$$

式中 $\Delta u\%$——线路电压损失百分数，%；

    R'——三相线路单位长度的电阻，Ω/km；

    X'——三相线路单位长度的感抗，Ω/km；

    $\tan\varphi$——功率因数角相对应的正切值；

    P——有功负荷，kW；

    l——线路长度，km。

假设对于同一条三相平衡负荷线路，电压损失、负荷有功功率、负荷无功功率、导线规格不变，在忽略由于电压等级变化带来的导线阻抗变化的条件下，35、20、10kV 供电线路的供电长度之比为 12.25：4：1。电压等级越高，则供电长度越长。

如果导线长度、输送功率、导线规格不变，在忽略由于电压等级变化带来的导线阻抗变化的条件下，35、20、10kV 供电线路的电压损失之比约为 1：3：12.25。

如果输送功率、导线规格、电压损失不变，在忽略由于电压等级变化带来的导线阻抗变化的条件下，35、20、10kV 供电线路的送电距离之比约为 12.25：4：1。

如果计算电流不变，电压等级越高，则线路的功率输送能力越强，即线路能够输送的功率量越大。具体而言，35、20、10kV 供电线路的功率输送能力（功率输送量）之比为 3.5：2：1。

由此可见，就供电能力来讲，中压系统的供电能力（主要功率数的能力和电压损失）与电压等级密切相关，而且在其他条件不变的情况下，供电线路的功率输送能力与电压成正比，电压损失与电压的平方成反比。

2. 电压等级与功率损耗的关系

线路功率损耗计算公式如下：

有功功率损耗

$$\Delta P_1 = 3I^2R \times 10^{-3} \tag{6-3}$$

无功功率损耗

$$\Delta Q_1 = 3I^2X \times 10^{-3} \tag{6-4}$$

计算负荷与计算电流的关系

$$P = \sqrt{3}UI\cos\varphi \tag{6-5}$$

式（6-3）～式（6-5）中符号含义见式（6-1）和式（6-2）。

由上述可知，对于轨道交通供电系统来说，在考虑可实施性的前提下，电压越高，系统的功率输送能力越强、供电距离越远、功率损失越小。当然电压等级的选择要从工程的技术经济角度进行综合考虑，不仅仅要考虑系统的供电能力，还要考虑工程造价及长期运营的经济性。

6.1.4 地铁中压供电网络电压等级选择思路

对于轨道交通供电系统来说，与其他公用用户相比，相对独立，自成系统，无论从施工建设，还是运营管理，养护维修等均相对独立。因此，地铁中压网络的电压等级不一定与外部电网电压等级相一致。上海地铁、广州地铁已采用了国外的33kV设备，而我国电压等级是35kV，并非33kV。另外，南京地铁、深圳地铁采用的35kV，也是这两座城市市区电网所要取消的电压级。因此，在地铁中压网络电压等级与外部市网电压等级的关系上，是采用35kV还是采用33、20kV或者10kV，要在综合分析线路走向、站点设置、外部电源供电方式、设备供应情况等诸多因素的前提下，进行技术经济比较，合理选择适合工程实际的电压等级。轨道交通供电系统的外部电源供电方式根据城市电网构成的不同特点，地铁系统的外部电源供电方式可采用集中式、分散式、混合式等外部电源供电方式。

(1) 采用集中供电方式时，设高压主变电所，从城市电网引入的高压电源少，一般不涉及城市电网变电所改造；由于城市电网引至地铁车站及车场的电缆径路数量少、电源可靠性高、电源工程实施方便，使轨道交通自成供电系统；由于受电电压高、受城市电网影响较小、运营管理方便，产生的谐波注入电网影响相对较小。但是主变电所的分布，应结合城市规划和城市电网规划，统筹考虑。

(2) 当采用分散供电方式时，不设主变电所，各牵引变电所、降压变电所分别由城市电网就近引两路相互独立的35kV或10kV电源供电或通过轨道交通中压电源开闭所得到电源。分散式供电具有供电可靠性高，节约投资，占地小，不必考虑主变电所的空间占用问题等优点。但是此种供电方式与城市电网接口多，轨道交通供电不能自成体系，运营维护及调度管理不方便。并涉及城市电网的35kV或10kV电源变电所设备增容改造；而且要求城市电网有足够的备用容量，满足地铁对中压电源引入数量和容量的要求。

(3) 将前两种供电方式结合起来，一般以集中式供电为主，个别地段引入城市电网电源作为集中式供电的补充，使供电系统更加完善和可靠。混合式供电网络可以将集中式供电和分散式供电的优点集于一体，并可以解决部分线路电源取电困难的问题。但是混合式供电的中压供电网络同样存在分散式供电存在的问题。

电压等级与外部电源、中压供电网络的关系对于轨道交通供电系统来说，系统的外部电源方式和中压供电网络结构有着十分密切的关系。在电压等级的选择上必须综合考虑外部电源条件、轨道交通线路规划、中压网络构成方式等诸多因素。

6.2 电压等级与不同供电方式中压供电网络的关系

电压等级与不同外部电源供电方式的中压供电网络的关系如下：

(1) 集中式供电的中压供电网络。采用集中式供电的中压供电网络，从供电网络结构上看，相对来说更加独立；在电压等级选择上，可根据工程特点，选择更适合本身特点的、不同于城市中压电网的电压等级。一般情况下，所选择的电压等级较高，这样可以大大提高系统的供电能力，而且供电可靠性也将有显著提高；同时可以降低供电线路的功率损耗。采用集中式供电的中压供电网络，牵引供电网络和动力照明供电网络可以采用相对独立的形式，即牵引供电中压网络采用较高的电压等级，动力照明中压供电网络采用较低的电压等级。对于轨道交通系统来说，牵引供电中压网络可以采用35kV电压等级，与较大的牵引负载相适应；而动力照明中压供电网络采用 10kV 电压等级，与较小的动力照明负荷相适应。这样既可以保证牵引系统对电源容量和系统供电能力的要求，又可以减少动力照明供电网络在供电设备上的投资。

（2）分散式供电的中压供电网络。分散式供电的中压供电网络虽然具有供电可靠性高，供电系统的技术管理难度小，变电所运行、管理费用低，建设投资低等诸多优点，但是在中压网络的电压等级选择上，此种供电方式完全受城市电网中压系统的制约，必须选择与城市电网相同的电压等级。例如北京市，由于 35kV 这一电压等级将逐渐被取消，因此对于北京轨道交通系统来说，采用分散式供电时，中压供电网络的电压等级只能选择 10kV。10kV 供电系统相对于 35kV 和 20kV，功率输送能力差，供电距离较短，极大地限制了系统供电能力的发挥，而且给轨道交通线路较大供电分区的划分带来了一定的困难。

（3）混合式供电的中压供电网络。混合式中压供电网络虽然具有集中式供电和分散式供电的诸多优点，但是它和分散式供电一样，在电压等级选择的灵活性上受到了极大的限制，不管线路分散式供电的比例多么小，都必须与城市电网的中压网络电压等级相一致，其带来的问题也和分散式供电一样。

虽然电压等级与不同外部电源供电方式的中压供电网络有着十分密切的关系，但是电压等级的选择不能仅仅考虑中压供电网络的外部电源供电方式，外部电源供电方式及中压供电网络形式也不能仅为了选择某一电压等级而随意选择，这是因为地铁作为城市电网的特殊用户，一般用电范围多为 10～30km。地铁系统的外部电源方案究竟采用何种方式，中压网络的电压等级究竟哪一级更合理，应通过计算确定需要负荷之后，根据地铁路网规划、城市电网构成特点、线路周边所具备的外部电源条件及工程实际情况综合分析确定。对于沿线电源条件完全具备的轨道交通线路，在对供电能力要求不十分苛刻的条件下，为了节省投资，完全有必要选择分散式供电方案，此时电压等级与城市电网相同；对于沿线部分车站外部电源取电困难，而且采用集中式供电时部分主变电所建设无法实现的线路，可以采用混合式供电方式；而对于具备主变电所建设条件，而且对供电能力要求较高的轨道交通线路，应该选择集中式供电方式并选择较高的中压电压等级。

6.3　中压网络的构成

对于集中式外部电源方案，牵引网络和动力照明网络，可以采用相对独立的形式，即牵引动力照明独立网络，也可以共用同一个中压网络，即牵引动力照明混合网络。对于分散式外部电源方案，采用牵引动力照明混合网络。

牵引动力照明独立网络的特点：牵引网络与动力照明网络，两者相对独立、相互影响较小；35（33）kV 较高的电压级与较重的牵引负载相适用，而 10kV 较低的电压级则与较小的动力照明负荷相适用。

牵引动力照明混合网络的特点：供电系统的整体性比较好，设备布置可以统筹考虑。

牵引网络与动力照明网络，可以采用同一个电压级，也可以采用两个不同电压级。

目前，我国地铁工程有的采用了牵引动力照明混合网络，有的则采用了牵引动力照明独立网络；国外有的地铁采用了牵引动力照明独立网络。

6.3.1　中压网络的构成原则

中压网络的设计要遵循以下几个原则：

(1) 满足安全可靠的供电要求。

(2) 满足潮流计算要求，即设备容量及电压降要满足要求。

(3) 满足负荷分配平衡的要求。

(4) 满足继电保护的要求。

(5) 满足运行管理、倒闸操作的要求。

(6) 每一个牵引变电所、降压变电所均应有两路电源。

(7) 系统接线方式尽量简单。

(8) 供电分区应就近引入电源，必要时可从负荷中心处引入电源，尽量避免反送电。

(9) 全线牵引变电所、降压变电所的主接线尽量一致。

(10) 满足设备选型要求。

6.3.2　不同外部电源方式下中压网络结构

外部电源方式不同，中压网络的结构也不相同。下面介绍不同外部电源方式下中压网络的常见结构。

1. 集中式外部电源方案下的中压网络构成

(1) 独立 35 (33) kV 牵引网络＋独立 10kV 动力照明网络的接线方式。当中压网络为两个不同电压级时，35 (33) kV 牵引网络的常用接线方式，如图 6-1 所示。这些基本接线方式可以分成 A、B、C、D 四种类型。

电源来自 110/35(33) kV 主变电所

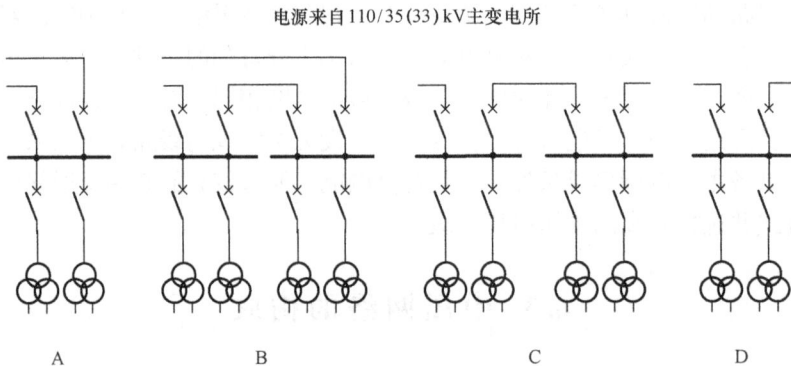

图 6-1　集中供电方式下 35 (33) kV 牵引网络的接线方式

A 型：牵引变电所主接线为单母线；牵引变电所的进线与出线，均采用断路器；牵引变电所的两路电源，来自于同一个主变电所的不同母线。该类型接线适用于位于线路起始部分、线路终端部分、主变电所附近的牵引变电所电源引入。

B 型：牵引变电所主接线为单母线；牵引变电所的进线与出线，均采用断路器；两个牵引变电所为一组；这一组牵引变电所的两路电源，来自于同一个主变电所的不同母线，每个牵引变电所均从主变电所接入一路主电源，两个牵引变电所通过联络电缆实现电源互为备用。该类型接线适用于位于线路起始部分、线路终端部分的牵引变电所电源引入。

C 型：牵引变电所主接线为单母线；牵引变电所的进线与出线，均采用断路器；两个牵引变电所为一组；这一组牵引变电所的两路电源，来自于不同的主变电所，左侧牵引变电所从左侧主变电所接入一路主电源，右侧牵引变电所从右侧主变电所接入一路主电源，两个牵引变电所通过联络电缆实现电源互为备用。该类型接线适用于位于两个主变电所之间的牵引变电所电源引入。

D型：牵引变电所主接线为单母线；牵引变电所的进线与出线，均采用断路器；牵引变电所的两路电源，来自于左右两侧不同的主变电所。该类型接线适用于位于两个主变电所之间的牵引变电所电源引入。

当中压网络为两个不同电压级时，10kV 动力照明网络的基本接线方式，如图 6 - 2 所示。

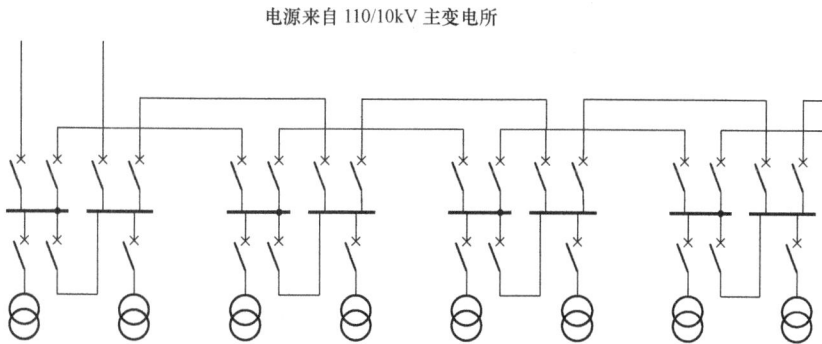

图 6 - 2 集中供电方式下 10kV 动力照明网络的接线方式

全线的降压变电所被分成若干个供电分区，每个供电分区一般不超过 3 个地下站；每一个供电分区均从主变电所（或中心降压变电所）的 35（33）/10kV 主变压器，就近引入两路 10kV 电源；中压网络采用双线双环网接线方式；相邻供电分区间通过环网电缆联络；降压变电所主接线采用分段单母线形式；降压变电所进线开关采用断路器。该接线方式的特点是运行灵活。

独立 35（33）kV 牵引网络＋独立 10kV 动力照明网络接线方式的典型应用如图 6 - 3 和图 6 - 4 所示。

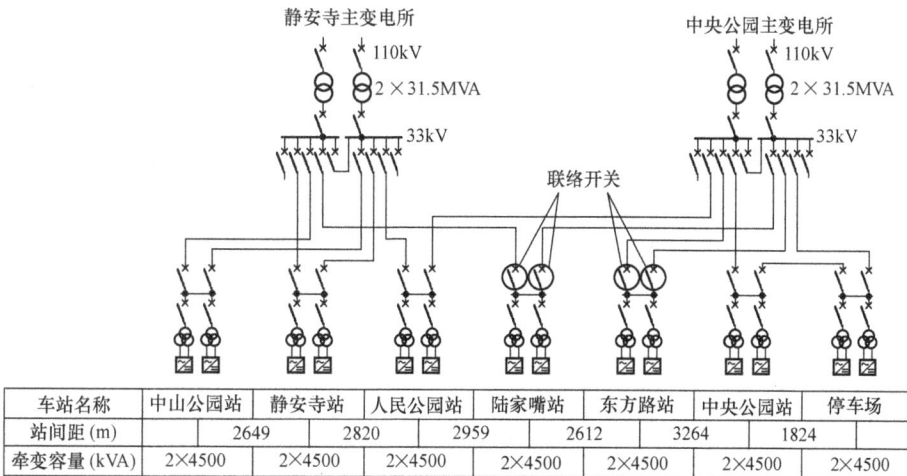

车站名称	中山公园站	静安寺站	人民公园站	陆家嘴站	东方路站	中央公园站	停车场
站间距 (m)		2649	2820	2959	2612	3264	1824
牵变容量 (kVA)	2×4500	2×4500	2×4500	2×4500	2×4500	2×4500	2×4500

图 6 - 3 上海地铁 2 号线一期工程牵引网络供电系统示意

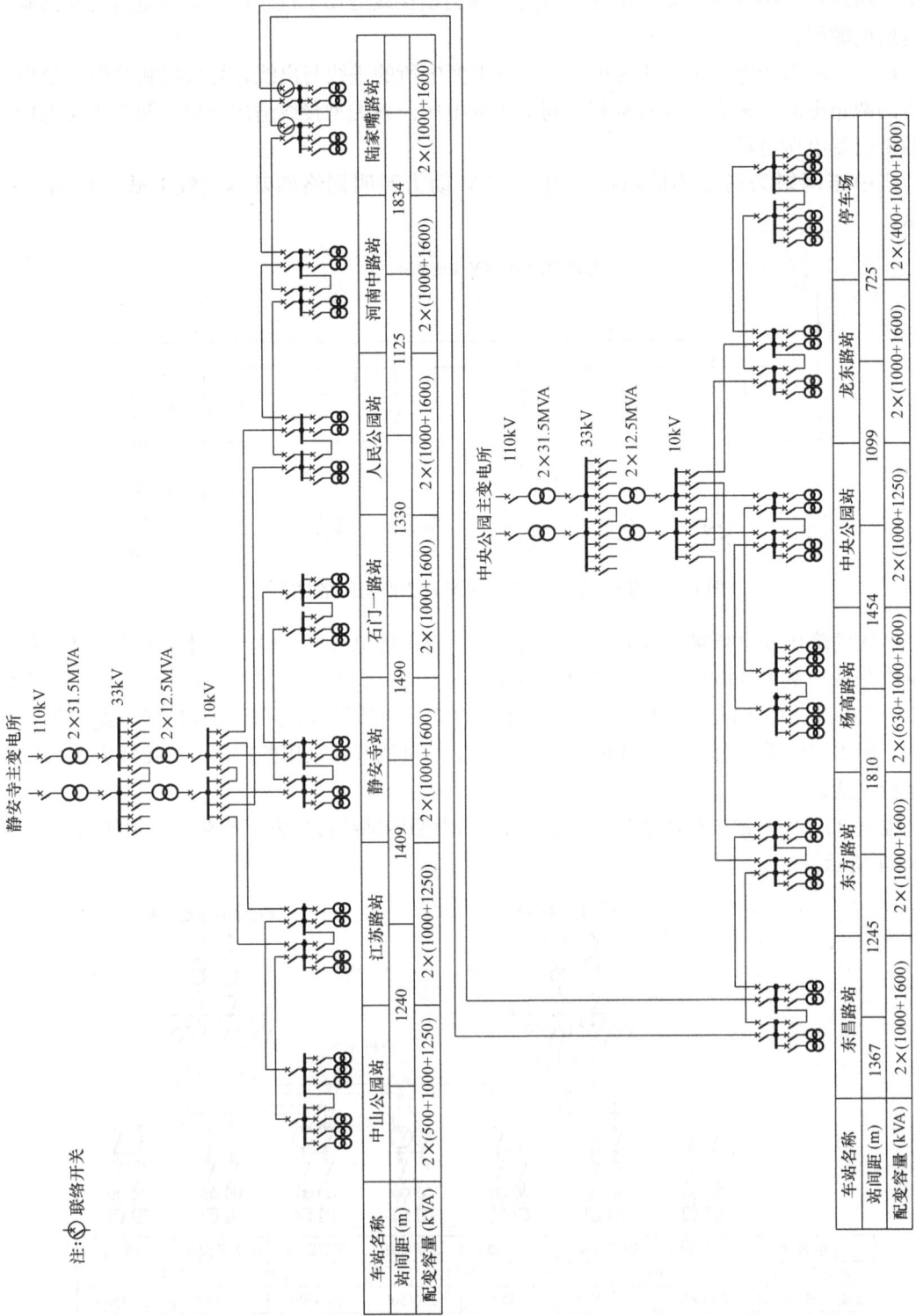

注：⊗ 联络开关

车站名称	中山公园站	江苏路站	静安寺站	石门一路站	人民公园站	河南中路站	陆家嘴路站
站间距（m）		1240	1409	1490	1330	1125	1834
配变容量（kVA）	2×(500+1000+1250)	2×(1000+1250)	2×(1000+1600)	2×(1000+1600)	2×(1000+1600)	2×(1000+1600)	2×(1000+1600)

车站名称	东昌路站	东方路站	杨高路站	中央公园站	龙东路站	停车场
站间距（m）	1367	1245	1810	1454	1099	725
配变容量（kVA）	2×(1000+1600)	2×(1000+1600)	2×(630+1000+1600)	2×(1000+1250)	2×(1000+1600)	2×(400+1000+1600)

图 6-4 上海地铁 2 号线一期工程动力照明网络供电系统示意

（2）35（33）kV、10kV牵引动力照明混合网络的接线方式。当中压网络采用同一个电压级时，牵引动力照明混合网络的基本接线方式如图6-5所示。

电源来自110/35（33）kV主变电所

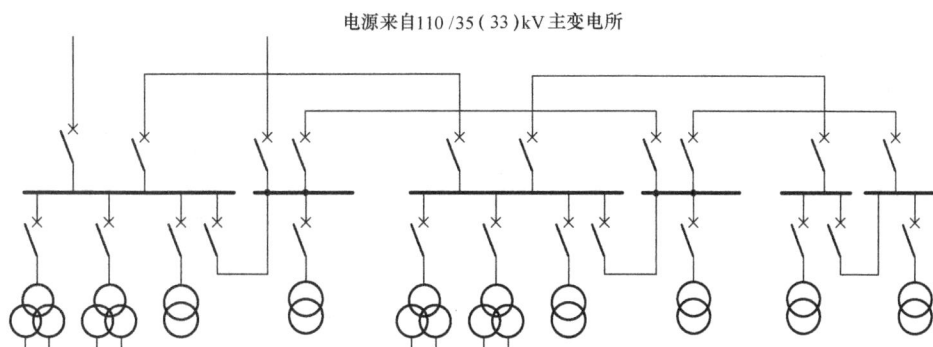

图6-5　集中供电方式下35（33）kV、10kV牵引动力照明混合网络的典型接线方式

在有牵引变电所的车站，牵引变电所与降压变电所合建成牵引降压混合变电所，对大型地下车站，除牵引降压混合变电所或降压变电所外，还会设置跟随式降压变电所。

全线的牵引降压混合变电所及降压变电所被分成若干个供电分区，每个供电分区一般不超过3个地下站；每一个供电分区均从主变电所的不同母线就近引入两路35（33）kV或10kV电源；中压网络采用双线双环网接线方式，牵引降压混合变电所、牵引变电所、降压变电所的环网进线开关均采用断路器；两个主变电所之间的供电分区间通过环网电缆联络，其他供电分区间可以不设联络电缆。牵引降压混合变电所、牵引变电所、降压变电所的主接线，均采用分段单母线形式。

该接线方式运行灵活。35（33）kV或10kV牵引动力照明混合网络，输电容量大、距离长，更适合于地下线路。

2. 分散式外部电源方案下的中压网络构成

对分散式外部电源方案，中压网络采用10kV牵引动力照明混合网络，基本接线方式有以下四种。下面逐一分析其构成特点。

（1）接线方式一，如图6-6所示。全线的牵引降压混合变电所、牵引变电所、降压变电所被分成若干个供电分区，每个供电分区一般不超过3个地下站；每一个供电分区均从城市电网就近引入两路10kV电源；中压网络采用双环网接线方式，牵引降压混合变电所、牵引变电所、降压变电所的环网进线开关均采用断路器；两个相邻供电分区间通过两路环网电缆联络。牵引降压混合变电所、牵引变电所、降压变电所的主接线，均采用分段单母线形式。

同一个供电分区从城市电网引来的两路10kV电源，可以来自不同的地区变电所，也可以来自同一地区变电所。该接线方式运行灵活，但要求城市电网有比较多的10kV电源点。

（2）接线方式二，如图6-7所示。全线的牵引降压混合变电所（或牵引变电所），每两个分成一组。每一组均从城市电网引入两路10kV电源，分别作为两个牵引降压混合变电所的主电源，同时同一组的两个牵引降压混合变电所间设双路联络电缆，实现电源互为备用。相邻两组牵引降压混合变电所之间设单路联络电缆，增加系统的供电可靠性。

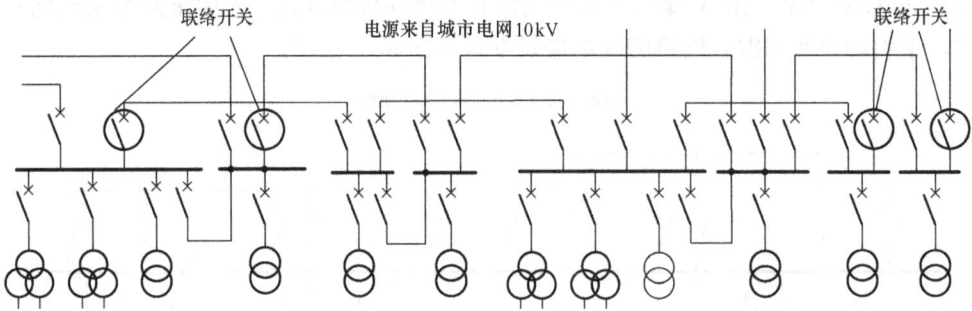

图 6-6　分散供电方式下 10kV 牵引动力照明混合网络的接线方式一

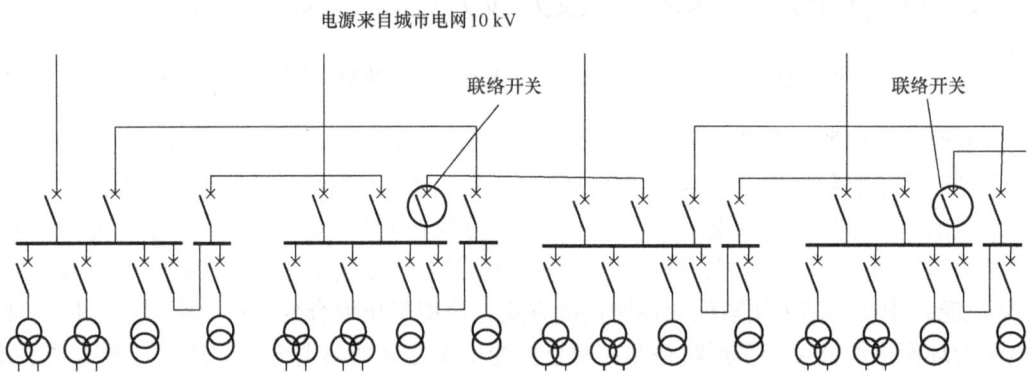

图 6-7　分散供电方式下 10kV 牵引动力照明混合网络的接线方式二

　　牵引降压混合变电所、牵引变电所的主接线，均采用分段单母线形式。无牵引变电所的地面车站，其降压变电所，可按跟随式降压变电所考虑。无牵引变电所的地下车站，其降压变电所的 10kV 电源可以由相邻两组间的单路联络电缆提供（该降压变电所应采用分段单母线主接线）。该接线方式比较简洁，对城市电网 10kV 电源点的数量要求不多，但要求每组从城市电网引来的两路 10kV 电源应来自不同地区变电所，以增加供电的可靠性。该接线方式适合于地面线路。

　　（3）接线方式三，如图 6-8 所示。全线的牵引降压混合变电所（或牵引变电所），前后关联，浑然一体。除最后一个牵引降压混合变电所从城市电网直接引入两路 10kV 电源以外，其他牵引降压混合变电所均从城市电网引入一路 10kV 电源，这路电源既是本变电所的主电源，又是前一个变电所的备用电源。换言之，当前变电所的主电源直接来自城市电网的 10kV 电源，而备用电源则来自于下一个变电所。依次类推，最后一个变电所则需要从城市电网引入两路 10kV 电源。

　　牵引降压混合变电所、牵引变电所的主接线，均采用分段单母线形式。对于无牵引变电所的车站，其降压变电所，可按跟随式降压变电所考虑。该接线方式最为简洁。N 个变电所需要 $N+1$ 路 10kV 电源，相邻变电所间只有一路联络电源。该方式对城市电网 10kV 电源点的数量要求不多，但要求这些城市电网引来的 10kV 电源应来自不同地区变电所，以增加供电的可靠性。该接线方式适合于地面线路。

电源来自城市电网10kV

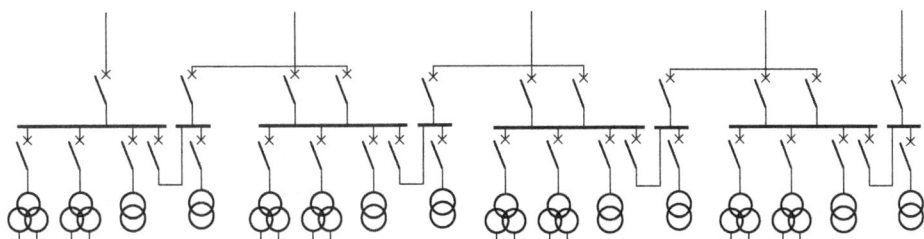

图 6-8 分散供电方式下 10kV 牵引动力照明混合网络的接线方式三

（4）接线方式四，如图 6-9 所示。全线的牵引降压混合变电所、牵引变电所、降压变电所被分成若干个供电分区，每个供电分区一般不超过 4 个车站。每一个供电分区由一个电源开闭所供电，每个电源开闭所均从城市电网就近引入两路 10kV 电源。

电源来自10kV城市电网

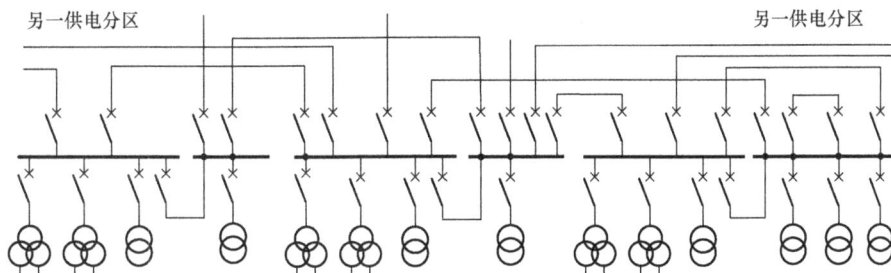

图 6-9 分散供电方式下 10kV 牵引动力照明混合网络的接线方式四

该电源开闭所可以独立设置，也可以与就近的牵引变电所合建。若电源开闭所采用独立设置方式，则需与规划部门配合协调，另外该方式的土建投资与设备投资都比合建方式要大，故仅在地面线可以考虑采用该方式。

图 6-9 所示为电源开闭所与牵引变电所合建情况。合建处的牵引整流机组及配电变压器，由电源开闭所直接供电。对于电源开闭所之间的某些牵引降压混合变电所，其电源分别来自于左右两侧的电源开闭所，并通过在这些牵引降压混合变电所的牵引母线段上设置与电源开闭所间的专用联络电缆，将相邻的两个电源开闭所联系起来；对于不参与这种开闭所联络的牵引降压混合变电所，其电源就近来自同一个电源开闭所。

牵引降压混合变电所、牵引变电所的主接线，均采用分段单母线形式。降压变电所的主接线可按跟随式降压变电所考虑。同一电源开闭所的两路 10kV 进线电源，最好来自于不同的地区变电所。该接线方式比较复杂，对城市电网 10kV 电源点的数量要求不多。

3. 新型接线方式——20kV 牵引动力照明混合网络

对于集中式外部供电方案，还有 20kV 牵引动力照明混合网络，它是一种新型接线方式，其接线方式如图 6-10 所示。

电源来自城市电网20kV

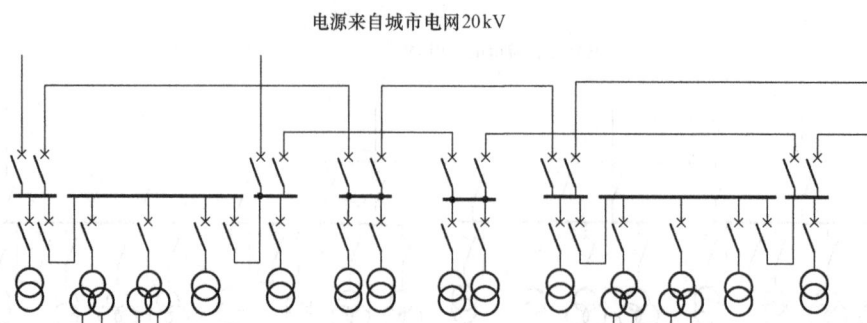

图 6-10　集中供电方式下新型 20kV 牵引动力照明混合网络接线方式

全线的牵引降压混合变电所及降压变电所被分成若干个供电分区，每个供电分区一般不超过 3 个地下站；每一个供电分区均从主变电所的不同母线就近引入两路 20kV 电源（对于地面线路，供电分区的来自于主变电所的两路 20kV 电源也可以从牵引变电所处引入，不一定就近引入）。

牵引降压混合变电所、牵引变电所的主接线均采用分段单母线形式，即设有两段环网电源母线及一段牵引电源母线，牵引母线与两段环网电源母线间设有进线断路器，任何时候只允许一个进线断路器处于合闸位置，另一进线断路器投入的条件是"失压自投，过流闭锁"。两套牵引整流机组均接入牵引母线段，牵引降压混合变电所的两台配电变压器则分别接入两段环网电源母线段。降压变电所主接线采用分段单母线形式，配电变压器可以采用负荷开关-熔断器组合电气设备保护。

中压网络采用双线双环网接线方式。牵引降压混合变电所、牵引变电所、降压变电所的环网进线开关均采用负荷开关。两个主变电所之间的供电分区间通过环网电缆联络，其他供电分区间可以不设联络电缆。

当中压网络中的一路环网电缆故障时，主变电所中相应的 20kV 馈出断路器将跳闸，相关牵引变电所的主进线断路器也将失压跳闸，随之备用进线断路器将自动投入，保证对牵引整流机组的不间断供电。这就克服了传统的 10kV 动力照明网络、10kV 牵引动力照明混合网络、35（33）kV 牵引动力照明混合网络环网接线方式的弊端。

6.4　典型中压网络实例

中压环网接线典型接线方式如图 6-11 和图 6-12 所示。

图 6-11 所示为武汉轨道交通 1 号线一期工程供电系统示意。武汉轨道交通 1 号线设置 2 座主变电所（太平洋主变电所和江汉路主变电所），且每个主变电所分别从城市电网引入两路独立的 110kV 电源。中压网络采用交流 10kV。

图 6-12 所示为广州地铁 2 号线工程供电系统示意。广州地铁 2 号线设置 2 座主变电所（瑶台主变电所和河南主变电所），且每个主变电所分别从城市电网引入两路独立的 110kV 电源。中压网络采用交流 33kV。

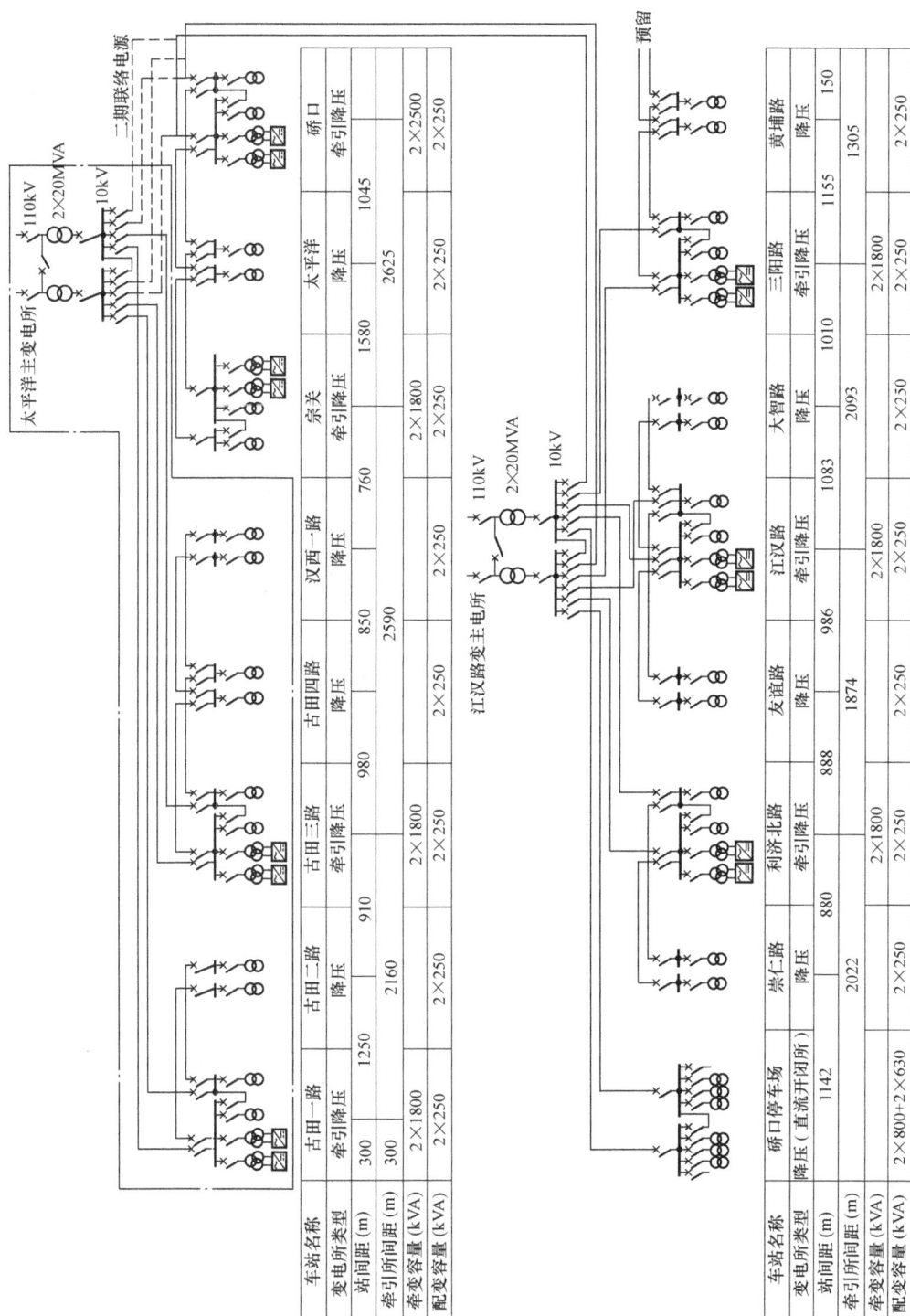

图 6 - 11 武汉轨道交通 1 号线一期工程供电系统示意

车站名称	古田一路		古田二路		古田三路		古田四路		汉西一路		宗关		太平洋		硚口	
变电所类型	牵引降压		降压		牵引降压		降压		降压		牵引降压		降压		牵引降压	
站间距 (m)	300	1250		910		980		850		760		1580		1045	
牵引所间距 (m)	300		2160				2590						2625			
牵变容量 (kVA)	2×1800				2×1800						2×1800				2×2500	
配变容量 (kVA)	2×250		2×250		2×250		2×250		2×250		2×250		2×250		2×250	

车站名称	硚口停车场		崇仁路		利济北路		友谊路		江汉路		大智路		三阳路		黄埔路	
变电所类型	降压（直流开闭所）		降压		牵引降压		降压		牵引降压		降压		牵引降压		降压	
站间距 (m)	1142		2022		880		888		986		1083		1155		150	
牵引所间距 (m)							1874				2093				1305	
牵变容量 (kVA)					2×1800				2×1800				2×1800			
配变容量 (kVA)	2×800+2×630		2×250		2×250		2×250		2×250		2×250		2×250		2×250	

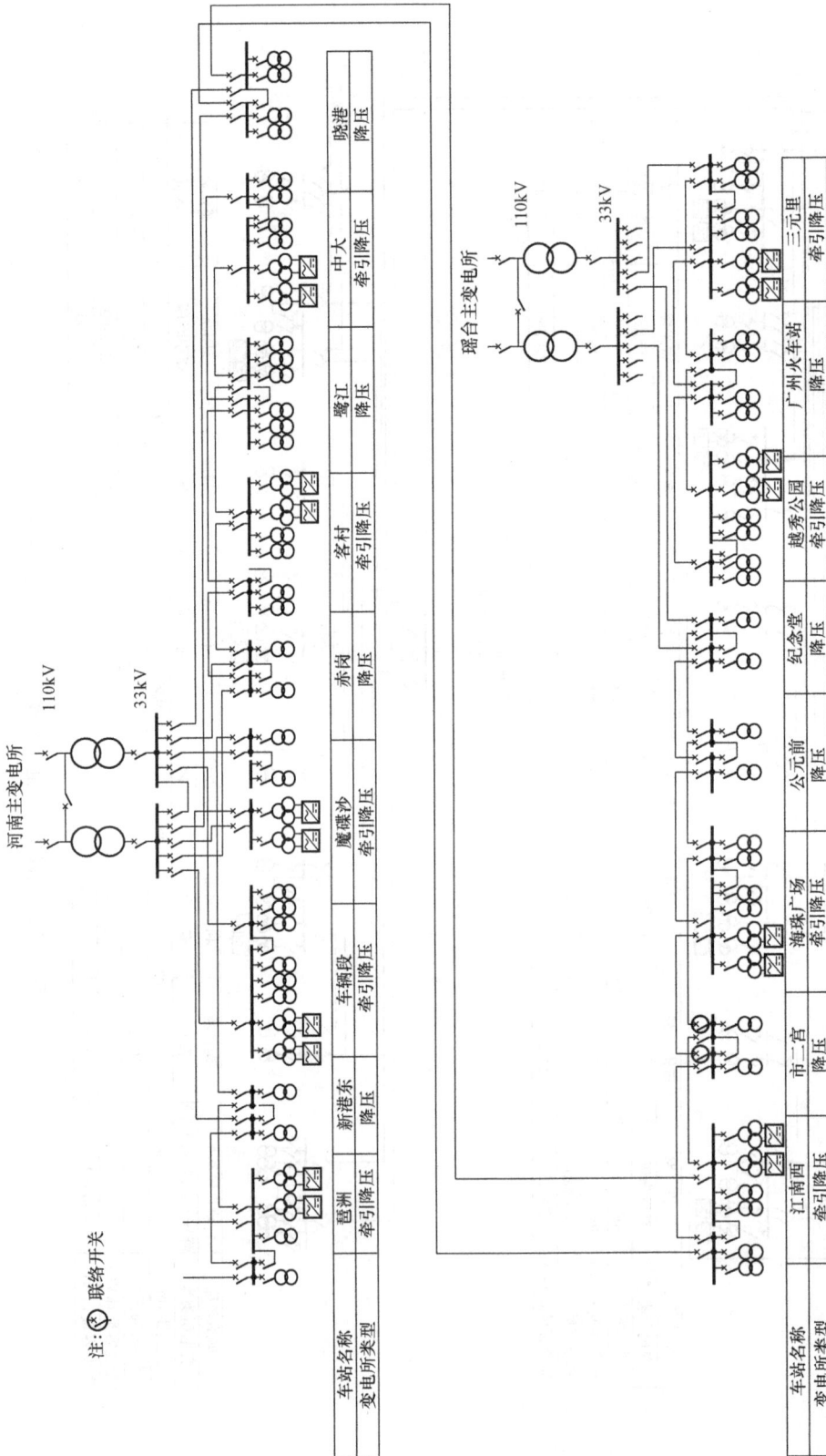

图 6-12　广州地铁 2 号线工程供电系统示意

6.5 供电系统的运行方式

供电系统的运行方式是由地铁用电负荷等级决定的。除非在得到当地电力部门允许的情况下，变电所可以短时间内合环运行，即短时间内两个进线开关和母线分段开关同时处于合闸状态，否则变电所两个进线电源必须分列运行。

牵引用电负荷为一级负荷，动力照明用电可分一级负荷、二级负荷和三级负荷。一级负荷应由双电源双回路供电，当一个电源发生故障时，另一个电源不应同时受到损坏。对互为备用线路，一路退出运行，另一路应承担起一、二级负荷的供电，而且技术指标不降低，如电源电缆的电压损失、谐波含量控制在允许的范围内。

地铁供电系统要满足列车与动力照明用电设备对电源的不同要求，满足灾害下电源的可靠性，使地铁的所有设备都能发挥各自的功能和作用，保证安全运营。

6.5.1 电源变电所运行方式

电源变电所运行方式，是指集中供电系统中主变电所的运行方式及分散式供电系统中电源开闭所的运行方式。主变电所有三种运行方式：正常运行方式、单故障运行方式和主变电所退出运行方式。

1. 正常运行方式

两个主变电所之间的供电分区间设置环网电缆联络，如图 6-13 所示。

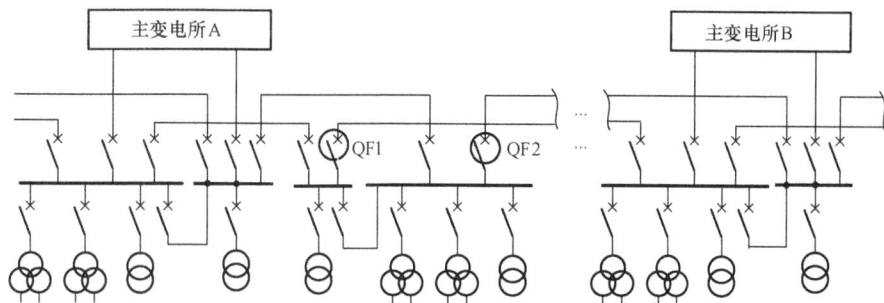

图 6-13 供电分区间联络电源示意

在正常运行情况下，每座变电所各自承担所辖范围内所有变电所的负荷，除中压母线分段开关、应急联络开关为分段状态外，其余进出线开关均在闭合状态。

2. 单故障运行方式

主变电所的单故障类型有以下三种：主变电所的一个进线电源失电；单台主变压器退出；主变电所一段中压母线故障。

（1）主变电所一个进线电源失电。当主变电所一个进线电源后，内桥或外桥断路器合闸，由另一个进线电源向分挂在两段母线上的两台主变压器供电，承担本主变电所范围内的全部一、二级负荷。如果主变电所采用线路-变压器组接线形式，当主变电所一个进线电源失电后，由另一个进线电源的主变压器承担本主变电所范围内的全部一、二级负荷。

（2）单台变压器退出。当单台主变压器退出后，中压母线分段开关合闸，由另一台主变压器承担本主变电所范围内的全部一、二级负荷。

（3）主变电所一段中压母线故障。当一段中压母线故障时，该段母线上的进线开关跳闸，同时该段母线上馈线所接的第一级变电所进线开关也应失压跳闸；主变电所的另一段中压母线继续供电。

3. 主变电所退出运行方式

当一座主变电所退出后首先应该将该主变电所所有的馈出开关分闸，将该主变电所和中压网络电气隔离，使该主变电所处于无电状态；解除 QF1、QF2 应急联络开关的闭锁关系并合闸。此时，通过两个主变电所之间的供电分区间的联络电缆，由相邻主变电所向该主变电所供电，承担该主变电所所辖范围内一定的用电负荷。

同样，电源开闭所的运行方式有正常运行方式、单故障运行方式和电源开闭退出运行方式。

（1）正常运行方式。在正常情况下，每座电源开闭所各自承担所辖范围内的所有变电所的负荷，除了中压母线分段开关为分断状态外，其余进、出线开关均在闭合状态。相邻电源开闭所之间的供电分区间通过环网电缆联络，供电分区间应急联络开关处于分闸位置，并与所在中压母线的进线开关、母线联络开关有闭锁关系。

（2）单故障运行方式。当电源开闭所一路进线电源失电后，启动备用自投，母线分段开关合闸，由另一路进线电源承担本电源开闭所范围内的全部一、二级用电负荷。

（3）电源开闭所退出运行方式。当电源开闭所退出（两端中压母线无故障）后，首先应该将该电源开闭所进线开关和母线分段开关全部分闸，防止向城网反送电；解除应急联络开关的闭锁关系并合闸。此时，通过相邻电源开闭所之间的供电分区间的联络电缆，由相邻电源开闭所向该电源开闭所供电，承担该电源开闭所所辖范围内一定的用电负荷。

此时，根据退出后的电源开闭所所辖范围内的用电负荷大小，需要界定相邻电源开闭所的供电范围。为避免合环运行，由控制中心严格管理新供电分界点的维护和操作。

6.5.2　单环网中压网络运行方式

单环网中压网络如图 6-14 所示。这种网络结构在大、中运量城轨中不采用，限于历史条件，上海轨道交通 1 号线 33kV 牵引网络采用了类似的中压网络方案。

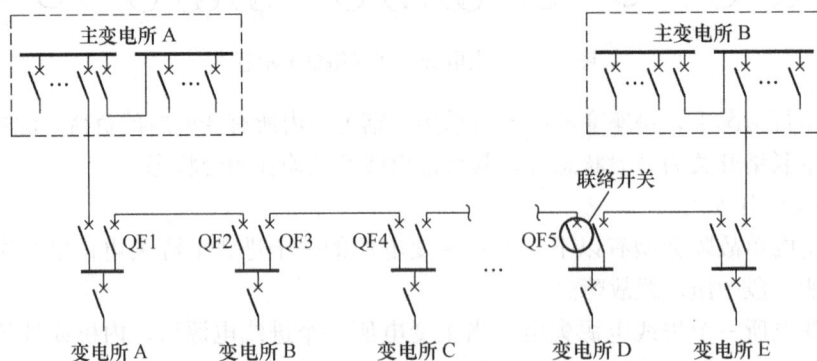

图 6-14　单环网中压网络

（1）正常运行方式。正常情况下，主变电所 A（电源开闭所）一段母线和主变电所 B（电源开闭所）一段母线分别向就近的变电所提供单个电源，相邻变电所通过单回电缆连接，电源联络开关 QF5 处于分闸状态。

（2）一个进线电源退出运行方式。以变电所 B 为例。由变电所 A 向变电所 B 提供的一个进线电源（QF2）退出时，调度中心遥分位于该进线电源两端的两个开关 QF1、QF2，将该段电源电缆隔离。调度中心遥合位于变电所 D 的电源联络开关 QF5，由全变电所 B（电源开闭所）越区供电。

（3）中压母线故障运行方式。以变电所 B 为例，当变电所 B 母线故障时，该变电所进线开关 QF2 跳闸，调度中心遥分该进线电源始端的开关 QF1；调度中心遥分变电所 B 与下一级变电所 C 联络的电缆两端的两个开关 QF3、QF4，将变电所 B 故障母线隔离。然后，调度中心遥合位于变电所 D 的电源联络开关 QF5，由主变电所 B（电源开闭所）向变电所 C 越区供电。此时，变电所 B 退出运行，其余各变电所为单电源运行。

6.5.3　双环网中压网络运行方式

两个供电分区之间设置联络电缆，如图 6-15 所示。目前这种结构在大、中运量地铁中得到广泛采用。

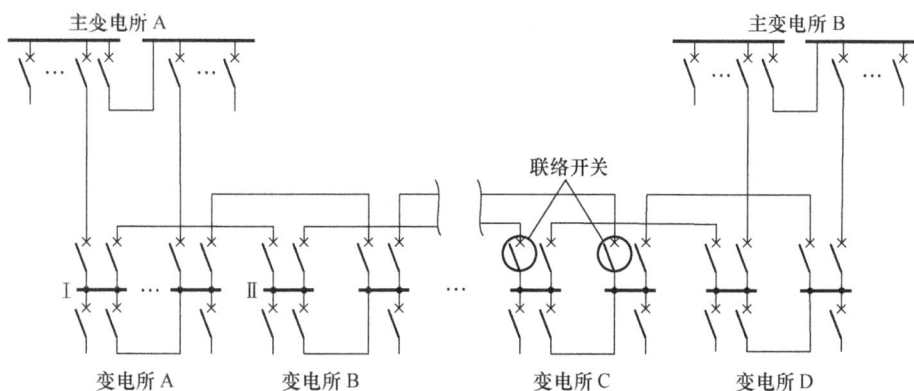

图 6-15　双环网中压网络

1. 正常供电方式

主变电所（电源开闭所）为变电所提供两个独立电源，两个电源分列运行，主变电所（电源开闭所）母线分段开关、变电所 C 的联络开关及变电所母线分段开关处于断开状态。

2. 一个进线电源退出运行方式

以Ⅰ段母线进线电源退出为例：

Ⅰ段母线进线电源退出运行时分断该中压电缆两端的两个开关，母线分段开关合闸，由Ⅱ段母线进线电源承担本变电所范围内的全部一、二级负荷。

受影响的下级环接各变电所有以下两种常用运行方式：

（1）备用自投延时启动（延时时间比上一级略长），由上级变电所向下级变电所Ⅰ段母线提供进线电源。此时，下级各变电所Ⅰ、Ⅱ段母线均保持分列运行方式。

（2）备用自投不启动，母线分段开关不合闸。此时，受影响的下级各变电所Ⅰ段母线均退出运行。

3. 变电所一段中压母线退出运行方式

变电所一段Ⅰ（Ⅱ）中压母线退出时，母线分段开关被闭锁不合闸，由另一个进线电源承担本变电所范围内的全部一、二级负荷。如果牵引整流机组所接母线故障，则牵引整流机组退出运行。

受影响的下级环接各变电所一般采用备用自投延时启动（延时时间比上一级略长）、母线分段开关合闸运行方式。此时，下级各变电所Ⅰ（Ⅱ）中压母线均保持分列运行。

4. 变电所两段中压母线推出运行方式

变电所两段中压母线退出时，该变电所退出运行。

当变电所介于两个供电分区之间时，可通过调整两个供电分区的分界点，重新划分用电负荷，恢复受影响的各变电所正常运行方式。如果该变电所不属于供电分区末端变电所，且本供电分区无联络电源，将导致下级环接各变电所退出运行，对线路运营造成严重影响，甚至造成运行中断。

要实现中压网络安全、可靠、经济、高效运行，则需要分析地铁供电系统在各种运行方式下各个点和各条线路上的电压分布和功率分布情况，即对中压网络的潮流分布进行分析。

习　题

6-1　简述 35、33、20、10kV 四种电压等级的不同特点。

6-2　当中压网络为两个不同电压等级时，35（33）kV 牵引网络的常用接线方式有哪些？各有什么特点？

6-3　画出当中压网络采用一个电压等级时，牵引动力照明混合网络的基本接线方式图，并简述其特点。

6-4　简述主变电所的运行方式。

6-5　简述单环网中压网络的运行方式。

7 牵 引 变 电 所

7.1 城市轨道交通牵引变电所概述

（1）城市轨道交通牵引变电所的概念。城市轨道交通牵引变电所是从主变电所（电源开闭所）获得电能并降压整流变成电动列车所需的直流电。

（2）城市轨道交通牵引变电所的功能。城市轨道交通牵引变电所的功能是将来自于主变电所或相邻变电所的中压（如35kV）交流电源，通过整流变压器降压和整流器整流构成等效24脉波直流电并经过直流快速开关设备向接触网供电，不间断地供给电动列车优质电能。

由此可见，城市轨道交通牵引变电所在城市轨道交通中起相当大的作用，犹如城市轨道的心脏给整个城市轨道网络输送血液提供电能。其主接线包括高压交流电（35kV）受、配电系统和直流（0.75～1.5kV）受、馈电系统两部分，整流机组（整流变压器—整流器）则是作为交、直流系统交换的重要环节设置的。

7.2 牵引变电所的设计原则

（1）变电所主接线力求简单可靠，提供灵活的运行方式。

（2）同车站的牵引变电所和降压变电所应尽可能合建为牵引降压混合变电所，以减少投资和便于运营管理，变电所位置选择应与车站建筑设计密切配合，尽量减少土建工程量。

（3）变电所布置方式因地制宜，结合各所址周边地形、建筑物、土建条件，经综合比选后确定。

（4）房屋的布置应便于设备运输，兼顾巡视的安全，相对关系应方便设备接线及电缆敷设。

（5）正线牵引变电所可按无人值班设计，车辆段牵引变电所可按近期有人值班、远期无人值班。

（6）牵引变电所尽可能设在车站，与车站降压变电所合建，节省投资；在长大区间高架段，尽可能设在高架桥下，减少另外征地；在长大区间地面段，设在线路一侧。

（7）牵引变电所应满足牵引负荷要求，在远期高峰负荷时，当一相邻牵引变电所解列时，接触网最低电压高于1000V，钢轨最高电位低于120V。

（8）综合考虑牵引变电所分布对迷流防护的影响。

（9）牵引混合降压变电所和降压变电所的位置应便于设备运输和运营管理。

（10）继电保护装置按满足可靠性、选择性、速动性和灵敏性要求设置。

（11）所内控制、保护设备采用变电所综合自动化系统。

（12）设备选择立足于国内设备，技术性能达到国内先进水平。

7.3 牵引变电所的设置

7.3.1 设置原则

牵引变电所的设置取决于以下因素：牵引网电压等级、牵引网电压损失；同时对杂散电流防护、线路损耗、电缆敷设、土建造价等统筹考虑。

牵引变电所分布应尽量均匀，便于牵引整流机组规格统一，便于维护管理及降低维护成本。

要有足够的容量，以满足城市轨道交通供电的发展需要。

7.3.2 牵引变电所的布点

1. 满足直流牵引供电系统运行方式要求

(1) 单牵引整流机组双边供电。各牵引变电所设置一套整流机组，同一供电分区由相邻牵引变电所各经一路馈线同时供电，牵引网电压质量较好且能耗较低。

主要在法国巴黎、日本东京等采用，国内没有。

(2) 双牵引整流机组双边供电。各牵引变电所的两套牵引整流机组均投入运行，馈电方式和单牵引整流机组双边供电形式相同，牵引网电压质量好，牵引网能耗低。

当一套整流机组故障或检修退出后，另一套牵引整流机组若继续运行，牵引变电所整流方式由双机组等效 24 脉波变成单机组 12 脉波，谐波含量增加。

(3) 大双边供电。正常工作状态下，正线接触网由两个相邻牵引变电所构成双边供电；当某个中间牵引变电所退出运行时，相关正线接触网由与该牵引变电所相邻的两个牵引变电所通过直流母线或纵向联络开关等越区供电，即大双边供电方式。

2. 满足牵引网电压损失允许值要求

牵引网电压波动范围见表 7-1。

表 7-1 　　　　　　　　　　　　牵引网电压波动范围

序号	标称电压（V）	最高电压（V）	最低电压（V）
1	DC 750	900	500
2	DC 1500	1800	1000

牵引变电所布点一般采用以下方法：

(1) 以线路中间车站设牵引变电所为布点基点。首先考虑牵引变电所与车站相结合。

布点基本点：线路中站间距最大的两个车站为基本点，如图 7-1 所示。

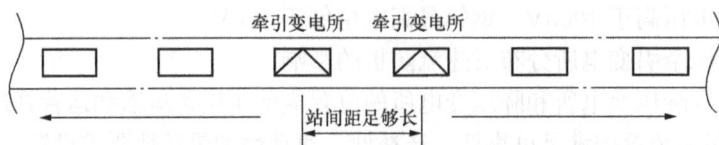

图 7-1　以线路中间车站设牵引变电所为基点

其他基本点：以基本点向两端扩展，尽可能结合车站设置。

（2）以线路末端车站设牵引变电所为布点基点。一般牵引变电所与线路末端车站相结合，如图 7 - 2 所示。

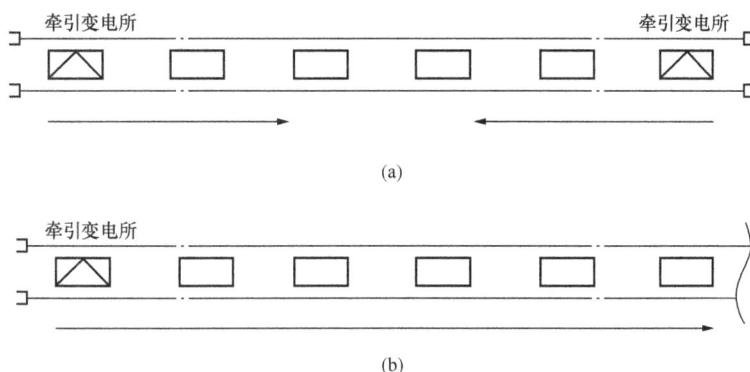

(a)

(b)

图 7 - 2　以线路末端车站设牵引变电所为基点

（a）以两端车站为基点；（b）以其中一端车站为基点

（3）合理设置区间牵引变电所。对于地面线路，当因牵引变电所与车站结合，将使本牵引变电所退出运行时，牵引网电压损失超标，可考虑设置区间牵引变电所。

对于地下线路，牵引变电所应与车站结合，不宜考虑设置地下区间牵引变电所。因为地下牵引变电所土建造价高，且运营不方便。

3. 兼顾杂散电流腐蚀保护需要

在相同条件下，杂散电流与牵引变电所分区长度关系是：牵引变电所分区长度越长，产生杂散电流越大；反之，牵引变电所分区长度越短，产生杂散电流越小。

7.3.3　整流机组容量

每个牵引变电所设置两套整流机组，牵引整流机组容量的选择应当考虑尽量减少设备投资，同时满足牵引供电的要求。初、近期考虑当牵引变电所内一套整流机组故障退出运行时，另一套整流机组能够继续运行；远期考虑牵引变电所内一套整流机组故障退出运行时，另一套整流机组也退出运行，由相邻的两座牵引变电所越区供电，保证牵引网的连续供电。当车辆段牵引变电所退出运行时，由正线的牵引变电所对车辆段牵引网供电。

整流机组过负荷能力应符合 GB 50157—2013《地铁设计规范》的规定：

$100\%I_n$——连续运行；

$150\%I_n$——2h；

$300\%I_n$——1min。

7.3.4　选址

1. 牵引变电所选址要求

（1）电源引入方便。

（2）尽可能靠近城市轨道交通线路。

（3）尽可能与降压变电所合建。

（4）土石方工程量减少，并避免设在坍塌或高填方地区。

（5）维护管理和生活条件方便，尽量避免设在空气污秽及土壤电阻率过高和有剧烈振动的地区。

（6）设备运输方便。

（7）应和城市规划相协调。

2. 牵引变电所的种类

（1）地下牵引变电所：①设置于车站站台端部；②傍建于车站通风道；③设置于车站线路外侧。

（2）地上牵引变电所。因各种客观原因，若有下列三种情况之一，则可以考虑设置地上牵引变电所：

1）城市规划条件许可时，其经济性能非常明显。

2）因地下车站没有空间安排牵引变电所，而不得不移至地面。

3）地面或高架线路需要设置牵引变电所。

（3）地下区间牵引变电所。

（4）箱式牵引变电所。

7.4 牵引变电所主接线及运行方式

牵引变电所主接线包括中压主接线和直流主接线两种方式。牵引变电所主接线由交流中压开关设备、牵引整流机组、直流开关设备等几部分组成。

7.4.1 中压主接线

1. 中压主接线形式

国内大部分地铁采用牵引动力照明混合网络，分段单母线接线形式，设置母线分段开关。

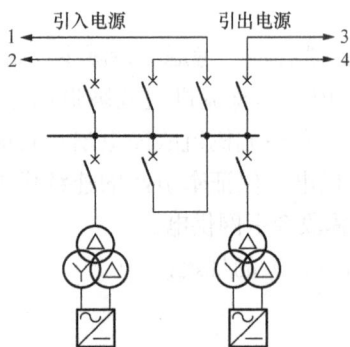

图 7-3 两套牵引整流机组分接两段母线示意

（1）两套牵引整流机组分别接至两段母线。在牵引变电所两段母线电压平衡或差别甚微情况下，两套牵引整流机组分别接至两段母线，单套牵引整流机组为 12 脉波整流，如图 7-3 所示。当牵引变电所两段母线电压不平衡时，容易引起两套牵引整流机组输出负荷不均衡，有时差别比较大，造成一套重载，另一套轻载。在两套牵引整流机组输出侧设置平衡电抗器，实现两套牵引整流机组的输出负荷一致性。

经实践证明，这种接线形式效果不理想，电源电压误差将导致牵引整流机组选择困难。

（2）两套牵引整流机组同接一段母线。为了平衡两套牵引整流机组的输出负荷，将两套牵引整流机组接在同一段中压母线上，构成 24 脉波整流，利于谐波治理。当一套牵引整流机组故障退出后，另一套牵引整流机组在过负荷允许的情况下，可以继续维持运行。

（3）单母线接线。牵引变电所中压侧单母线不分段。母线引入两个电源，并根据工程实际条件和需要组建中压网络结构方案，如图 7-4 所示。

正常运行时，一个进线电源供电，并向相邻牵引变电所供电。

中压部分包括中压开关、电压互感器、电流互感器、微机综合测控保护装置等主要设备。设备配置如下：

1）中压开关：进线、联络及馈线开关可采用真空断路器，利于继电保护设置和运行灵活性。进线、联络开关也可以采用负荷开关，应注意负荷开关的短时耐流能力不得小于开关下口的短路容量，由于该方式无法设置继电保护，对系统恢复送电的及时性有一定影响。

2）电压互感器：主要为测量（计量）提供电压信号，为连锁提供电压信号。

3）微机综合测控保护装置：集保护、控制、连锁、测量为一体的综合装置，配有与变电所综合自动化系统连接的通信接口，是变电所综合自动化系统的基础设备。

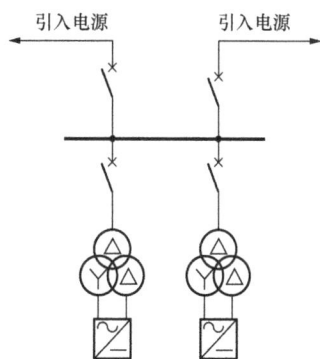

图 7-4 单母线接线示意

单母线不分段接线简单，造价低，但可靠性较低。

（4）分段单母线接线。牵引变电所中压侧采用分段单母线接线方式，设分段开关。每段母线各引入一个进线电源，并根据中压网络结构方案在牵引变电所中压母线上设置联络开关或应急联络开关，如图 7-5 所示。

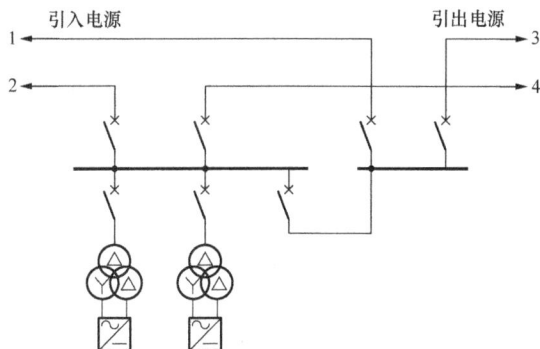

图 7-5 分段单母线接线示意

正常运行时，两个独立的进线电源同时供电，两段母线分列运行。

中压部分包括中压开关、隔离手车、电压互感器、电流互感器、微机综合测控保护装置等主要设备。

分段单母线接线较为复杂，造价较高但可靠性大为提高。

（5）三段母线接线。设两段进线电源母线和一段牵引整流机组工作母线。两段进线电源。两段进线电源分别接至Ⅰ段和Ⅲ段母线，两套牵引整流机组接于牵引整流机组工作母线。两段进线电源母线和一段牵引整流机组工作母线分别用断路器分段，通过分段断路器进行两路进线电源的自动切换，如图 7-6 所示。

正常运行时，一台分段断路器合闸，另一台分段断路器分闸，两路中压进线电源分列运行。

中压部分包括中压开关、隔离手车、电压互感器、微机综合测控保护装置等主要设备。

三段母线接线形式造价较高，但可靠性很高。

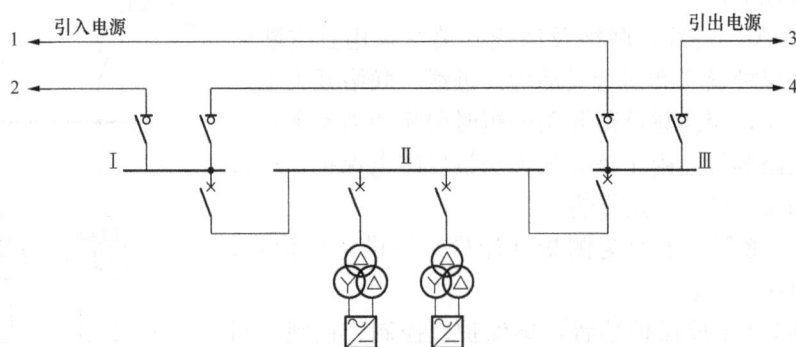

图 7-6　三段母线接线示意

2. 中压主接线运行方式

（1）单母线接线。

1）正常运行方式。正常运行时，一个进线电源供电，并向相邻牵引变电所供电。

2）进线电源失电运行方式。当该进线电源失电退出后，经过解除相关连锁，出现电源可以自动转变成进线电源，由相邻变电所反向提供中压电源。

3）母线故障运行方式。当母线故障后，该牵引变电所退出运行，由相邻牵引变电所实施大双边供电方式。从直流双边供电方式倒换到直流大双边供电方式，需要一定的切换操作时间，这将对列车正常运行造成短时间的影响。

（2）分段单母线接线。

1）正常运行方式。正常运行时，两个独立的进线电源同时供电，两段母线并列运行。

2）进线电源失电运行方式。一个进线电源失电退出运行方式：分段开关自动投入运行，由另一个进线电源向本牵引变电所的两段母线供电。

两个进线电源同时失电退出运行方式：通过调度令进行倒闸操作，由相邻变电所反向提供中压电源。采用这种方式时，倒闸操作需要一定时间。在倒闸期间，进线电源失电的本段母线上的牵引整流机组暂时退出，但对线路运营影响很小。

当牵引整流机组所在母线上的进线开关检修而不能影响两段母线运行时，可以采用短时间的合环运行方式。正常运行时，合环转换开关置于退出位。在合环工作状态时，合环转换开关置于合环选跳位，合环选跳任一进线开关或母线分段开关。

3）母线故障运行方式。当一段母线退出后，闭锁分段开关自投功能，分段开关不投入运行，另一段母线继续运行。此时，若牵引整流机组在该段母线上，则该牵引变电所的整个牵引直流系统退出运行，直流牵引供电系统则通过直流系统内部的控制操作，相邻牵引变电所实施大双边供电方式。

当两段母线退出后，本牵引变电所退出运行。直流牵引供电系统的运行方式与一段母线退出的情况相同。

（3）三段母线接线。

1）正常运行方式。正常运行时，一台分段断路器合闸，另一台分段断路器分闸，两路中压进线电源分列运行，两套牵引整流机组并列运行。

2）进线电源失电运行方式。

a. 一个进线电源失电退出运行方式。失电分段开关退出，另一个分段开关自动投入运行，维持两套牵引整流机组的并联运行。

b. 两个进线电源同时失电退出后运行方式，与分段单母线接线形式相同。

3）母线故障运行方式。

a. 正常运行时不带牵引整流机组供电的母线故障，对直流牵引供电系统没有影响。

b. 正常运行时带牵引整流机组供电的母线故障时，牵引整流机组中压母线上与故障母线分段开关跳闸，则该牵引变电所的整个牵引直流系统退出运行，运行方式与分段单母线接线相同。

c. 两个进线电源母线故障时，该牵引变电所退出运行，直流牵引供电系统则通过直流系统内部的控制操作，相邻牵引变电所实施大双边供电方式。

7.4.2 直流主接线

直流侧主接线按照母线形式有单母线系统、双母线系统两种主要形式，因设备配置及运行方式的差异，可以演变出多种形式。

（1）A 型单母线系统：进线为直流断路器，设置纵向电动隔离开关。

（2）B 型单母线系统：进线为电动隔离开关，设置纵向电动隔离开关。

（3）C 型双母线系统：进线为直流断路器，不设置纵向电动隔离开关。

（4）D 型双母线系统：进线为直流断路器，设置纵向电动隔离开关。

A、B、C、D 四种类型属于常用接线形式，当然还有一些其他形式。例如双母线系统，进线为电动隔离开关，设置纵向电动隔离开关等。由于它们都是从 A、B、C、D 型接线形式演变出来的，且应用很少，因而下面仅描述 A、B、C、D 型接线形式。

1. 直流主接线形式

（1）A 型单母线系统。A 型主接线为单母线系统，两路进线采用直流断路器，设置四路直流馈线。牵引整流机组的负极采用电动隔离开关，为实现自动化、远动调度操作提供了条件。同一馈电区电分段处上行和下行之间设有纵向电动隔离开关，当牵引变电所退出运行时，可以通过它实现大双边供电，如图 7-7 所示。

除北京地铁外，国内其他线路多采用 A 型主接线系统。接线形式简单实用，可靠性高。

A 型单母线系统无论是在牵引整流机组、直流进线、直流母线、直流馈线开关故障或检修退出时，均能实现不影响直流牵引供电系统运行的要求，系统运行的可靠性高，造价较低。

由于没有直流馈线备用开关，可采用较为简单的运行方式：任一台馈线开关退出时需要相邻牵引变电所进行大双边供电。

由于隔离开关的电气特性，使纵向电动隔离开关的操作限制条件较多，操作判断时间较长，正常双边供电转为大双边供电的时间也较长。

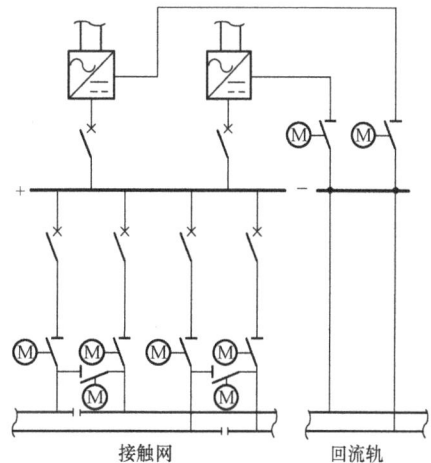

图 7-7 A 型单母线系统示意

（2）B 型单母线系统。在 A 型母线系统基础上，将进线直流快速断路器改为电动隔离开关，如图 7-8 所示。进线开关采用电动隔离开关，设备造价较低。由于其进线开关采用了电动隔离开关，连锁关系复杂，另外母线发生故障时，中压开关跳闸时间较长，一般为65ms，不利于母线故障的迅速切除。

（3）C型双母线系统。C型主接线为双母线系统，设有工作母线、备用母线和旁路开关。两路进线采用直流断路器，设置四路直流馈线，工作母线和备用母线之间设有备用直流断路器。牵引整流机组的负极采用电动隔离开关，为实现自动化、远动调度操作提供条件，如图7-9所示。

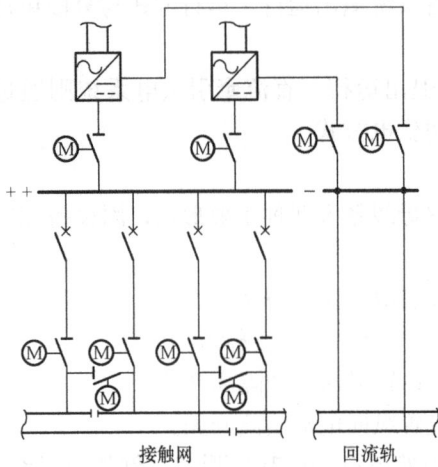

图7-8　B型单母线系统示意

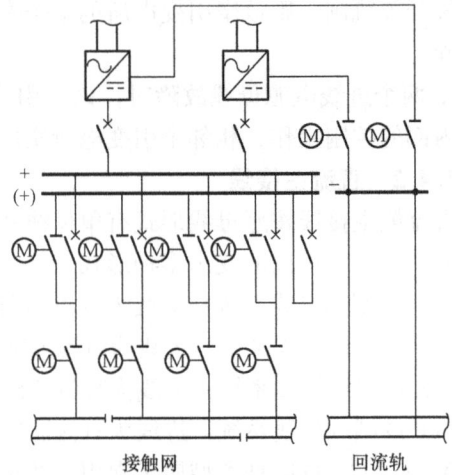

图7-9　C型双母线系统示意

备用直流断路器可以代替四路馈线开关中的任何一个，具备馈线开关的所有功能，包括合闸线路测试功能、与相邻牵引变电所相同供电分区馈出线的双边联跳、所内故障联跳功能等，属于热备用的直流馈线开关。

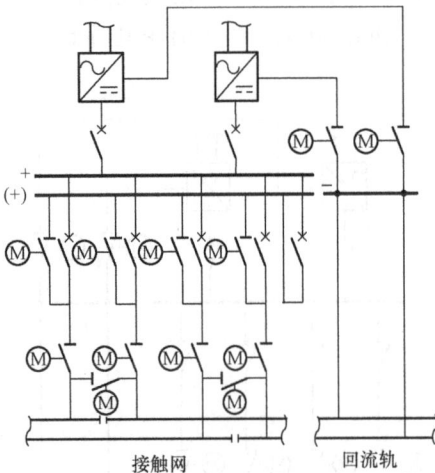

图7-10　D型双母线系统示意

如果牵引变电所两台牵引整流机组退出，可利用主母线构成大双边供电。例如其中馈线开关（断路器）同时退出，而备用母线完好，仍可利用备用母线构成大双边供电。

（4）D型双母线系统。在C型双母线的基础上，同一馈电区电分段处上行和下行增加了纵向电动隔离开关，当牵引变电所整体退出运行时，可以通过它构成大双边供电。D型双母线系统联络关系比较复杂，如图7-10所示。

D型双母线系统无论是在牵引整流机组、直流进线、直流母线、直流馈线开关故障或检修退出时，均能实现不影响直流牵引供电系统运行的要求，系统运行的可靠性很高，但造价也高。

设置备用直流断路器后，使每个馈线开关柜增加一台旁路电动隔离开关。电动隔离开关较多，增加了操作连锁的复杂性。

由于隔离开关的电气特性，使纵向电动隔离开关的操作限制条件很多，操作判断时间较长，正常双边供电转为大双边供电时间也较长。

主接线类型简单比较见表 7-2。

表 7-2 类 型 简 单 比 较 表

内容	A 型	B 型	C 型	D 型
可靠性	较高	较高	很高	很高
灵活性	较高	较高	很高	很高
经济性	较好	好	较差	差
连锁	简单	较简单	较复杂	复杂

2. 直流主接线运行方式

直流主接线运行方式主要体现在备用母线、上下行纵向电动隔离开关的设置上，与直流进线开关的类型无关，包括以下几种运行方式：①正常运行方式；②单套牵引整流机组退出运行方式；③两套牵引整流机组退出运行方式；④直流母线退出运行方式；⑤馈线开关退出运行方式；⑥馈线开关与备用开关同时退出运行方式；⑦自动重合闸运行方式。

车辆段牵引网正常运行方式下为单边供电，当车辆段牵引变电所退出运行时，由正线牵引变电所通过出入段线联络开关（电动隔离开关）向车辆段提供直流牵引电源，仍为单边供电。

下面详细讨论正线牵引变电所直流主接线运行方式，车辆段牵引变电所直流主接线运行方式可以加以参照。

直流主接线的运行方式比较多，因此直流主接线的运行方式就比较烦琐，联动也比较复杂。下面主要给出了单母线系统、C 型双母线系统和 D 型双母线系统单套整流机组退出运行时的简单示意，如图 7-11～图 7-13 所示。

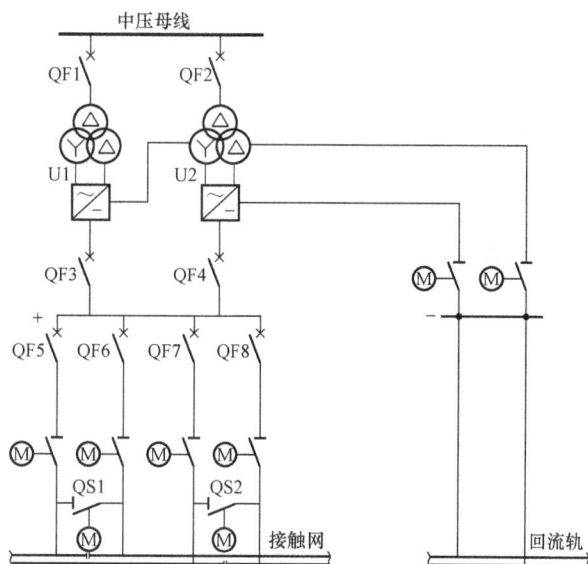

图 7-11 A 型主接线运行方式

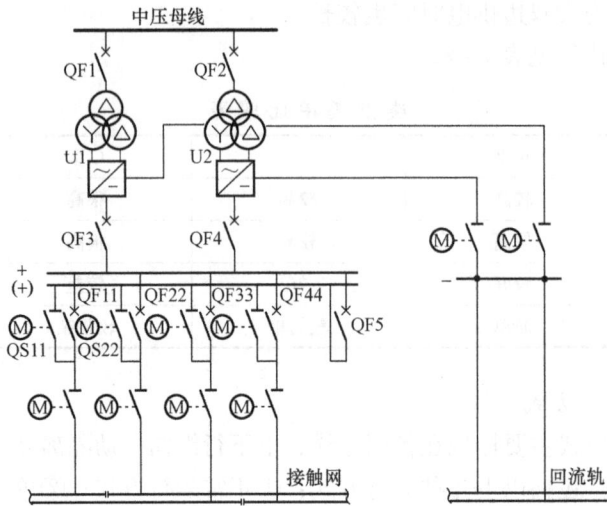

图 7-12　C 型主接线运行方式

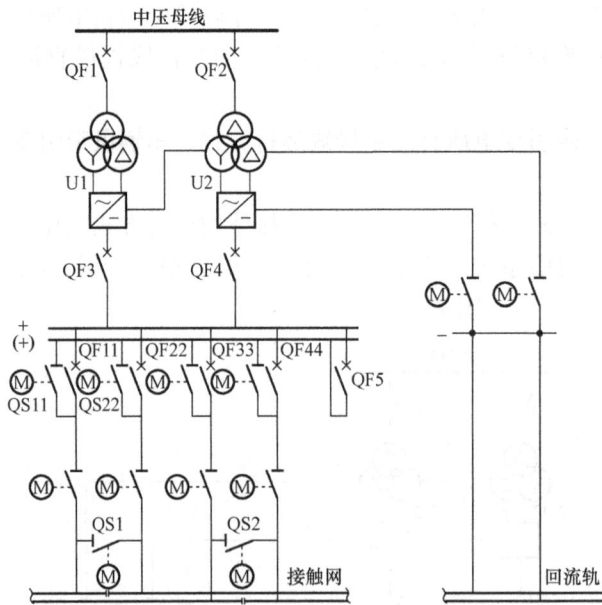

图 7-13　D 型主接线运行方式

7.4.3　典型牵引变电所主接线

典型牵引变电所主接线图如图 7-14 所示。

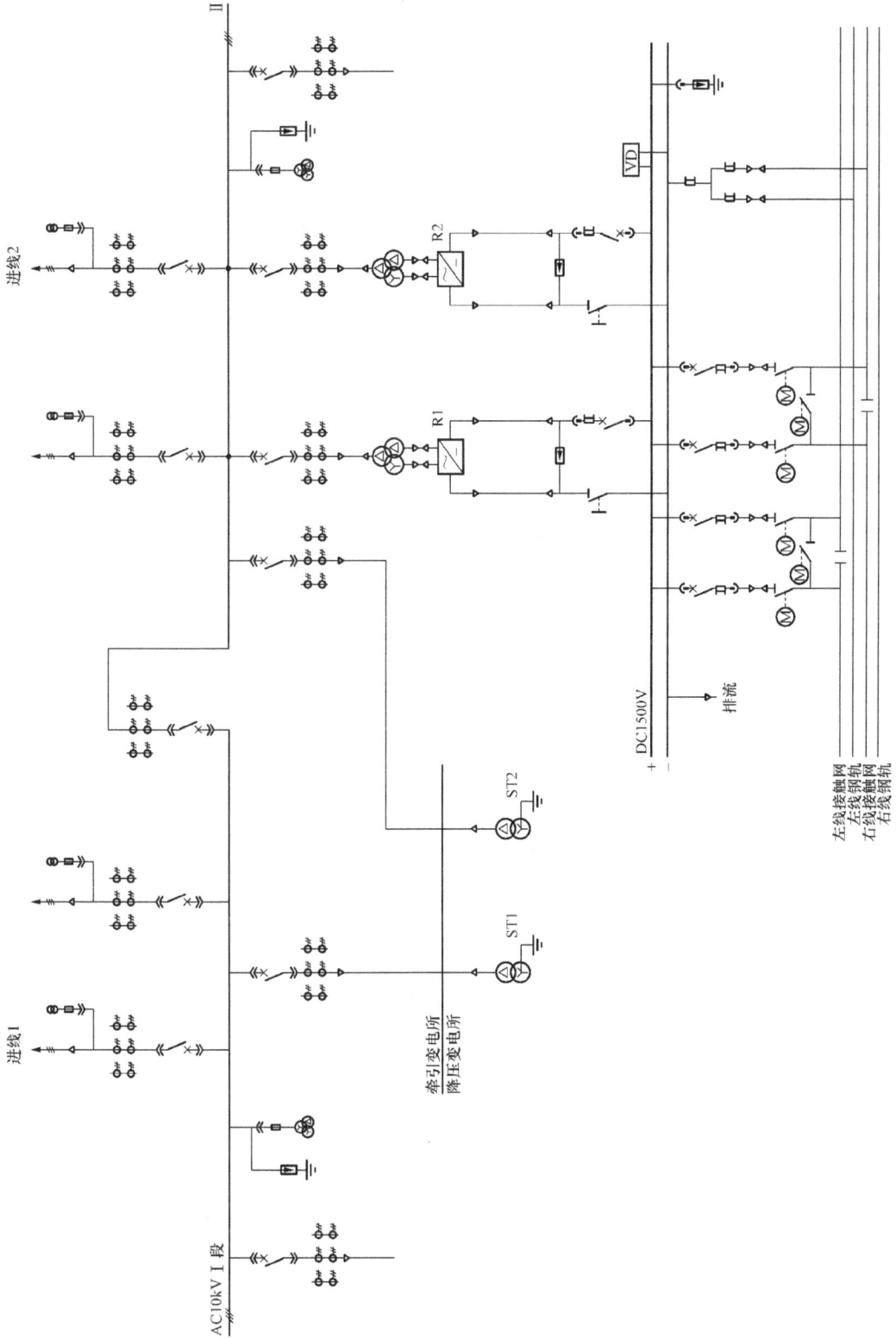

图 7 - 14　典型牵引变电所主接线

习　题

7-1　简述城市轨道交通牵引变电所的功能。

7-2　在设计城市轨道交通牵引变电所时，应遵循哪些设计原则？

7-3　如何对牵引变电所进行布点？

7-4　城市轨道交通牵引变电所中压主接线形式有哪些？分别画出其接线示意图，并说明各自的特点。

7-5　城市轨道交通牵引变电所直流主接线形式有哪些？分别画出其接线示意图，并说明各自的特点。

8 降 压 变 电 所

8.1 概　　述

8.1.1 城市轨道交通动力照明供电系统的重要性

城市轨道交通运营使用的列车是电力牵引的电动列车，其动力来源于牵引供电系统；地铁中分布着许多专业系统，如 BAS（机电设备监控）、FAS（火灾自动报警）、AFC（自动售检票）、通信、信号、通风空调、给排水、照明、气体灭火、电梯、门禁、屏蔽门等，其电能均由动力照明供电系统供给。

动力照明供电系统包括以下三部分：降压变电所、动力照明低压配电、控制设备。

8.1.2 城市轨道交通动力照明供电系统工程设计的主要特点

与一般的民用建筑电气相比，城市轨道交通照明供电系统具有以下特点：

（1）如何对地铁负荷的计算做到既满足使用要求，又不会留有过大的裕量。因此，负荷计算的准确与否，是地铁变配电系统合理设计的前提，负荷计算已成为变配电系统工程设计中遇到的首要问题。

（2）在供电上，不是简单的一台变压器供一座地铁车站，往往采用 2~4 台变压器供电，每台变压器的容量一般在 500~1600kVA；在车站内一、二、三级负荷同时存在，因此增加了供电的复杂性。

（3）在动力上，不仅仅是几台风机、几台水泵、几台电梯，而是各成系统，如空调通风系统、给排水系统、消防系统、运输系统；在控制上不是简单的启动、停止，而是就地控制、远方集控、按程序启停的 BAS 系统自动控制、火警信号控制及连锁控制；启动方式上有直接启动、降压启动、软启动，还有风机、水泵及空调系统的能量自动调节。

（4）在照明上，照度在适应国情的情况下尽可能与国际接轨；照明质量的要求应按照不同的用途，选择不同的色温及显色指数的光源，以产生冷色调、暖色调、中间色调及不同显色性的照明；在灯具形式的选择上，既要满足与地铁的装修相协调，又要达到节能的效果；照明的种类也日益增多，有一般照明、房间照明、区间照明、事故照明、出入口照明、广告照明等。不同的照明类别，其供电要求不同，控制方式各异。

综上所述，在地铁车站中，配电系统的工程设计是比较复杂而繁重的任务，设计内容主要有负荷计算、总体配电方案、动力配电系统、照明配电系统。

8.2 降压变电所设置

8.2.1 降压变电所的功能

降压变电所是将来自于主变电所的中压电源，通过动力照明中压网络分配给降压变电所，将中压电能转换成低压电能，向车站、区间、车辆段、控制中心大楼等所在的低压用电负荷提供电源。

8.2.2　降压变电所的设置原则

降压变电所的设置原则如下：

（1）接近负荷中心。

（2）进出线方便。

（3）设备吊装、运输方便。

（4）不应设在有剧烈振动场所。

（5）远离污染环境。

（6）远离危险场所。

（7）尽量与牵引变电所合建。

8.2.3　降压变电所的布置形式

根据地铁的特点，变配电系统用电负荷的分布情况是大量动力设备集中在车站两端的设备区，车站中间公共区和区间主要为照明负荷，因此地铁通常设置一至两座降压变电所。对于车站规模和负荷比较小、车站长度短的车站，仅在车站重负荷端设一座降压变电所。当车站规模大，车站比较长，用电设备多时，宜设两座降压变电所，其位置是设备区两端各设一座，各负责半个车站及相邻两侧半个区间的供电。降压变电所一般设于站台层，以便于设备的运输。关于两座降压变电所的布置形式，可采用三种方式：降压变电所直接供电、一所一室、一所一跟随。这三种方式，目前在地铁变配电系统的设计中都采用过，关于这三种布置形式的比较如下：

（1）降压变电所直接供电。这种布置形式是在车站一端设置1座降压变电所，车站另一端不设置配电室或跟随式降压变电所。车站两端电气设备的电源均直接引自降压变电所的低压开关柜，如图8-1所示。

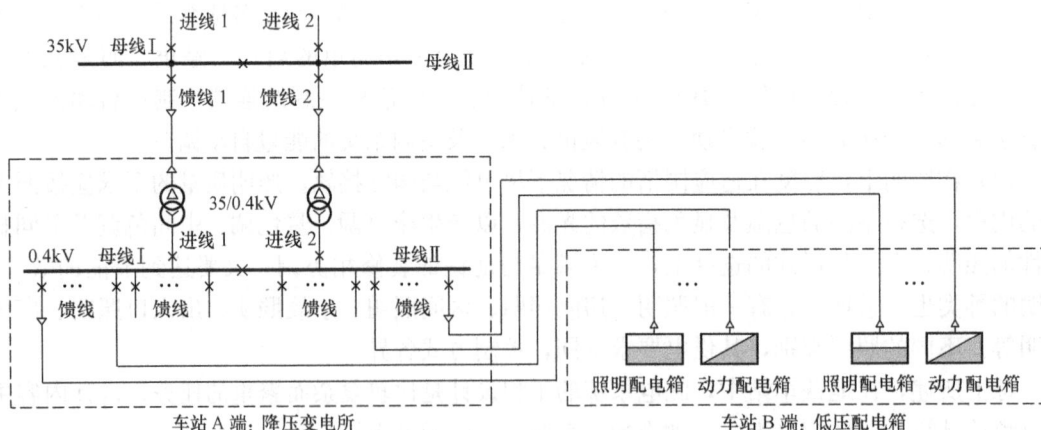

图8-1　降压变电所直接供电示意

（2）一所一室形式。这种布置形式就是在设备区一端设一座完整的降压变电所，另一端设一低压配电室，室内仅设0.4kV开关柜。配电室两路0.4kV电源由降压变电所两台动力变压器的0.4kV总开关下端分开关接引，如图8-2所示。

该布置形式的特点如下：

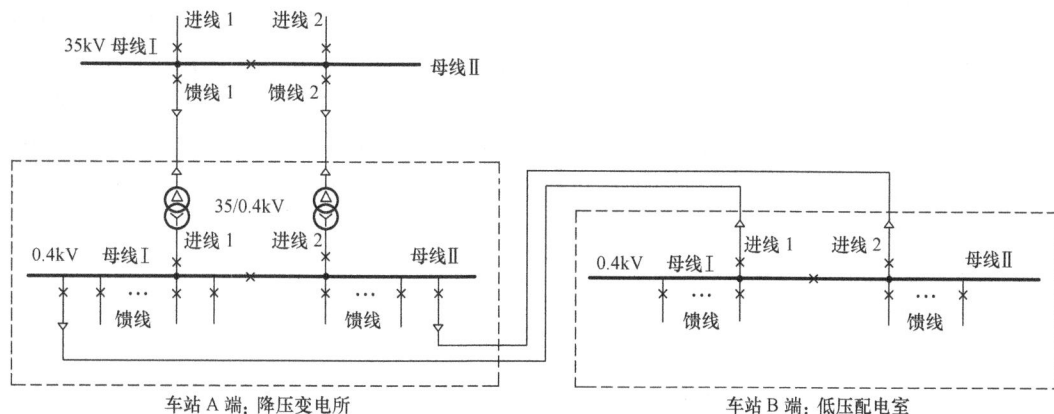

图 8-2 设置低压配电室供电示意

1）节省占地、节约投资。

2）系统接线形式可靠，但低压系统上、下级配合级数多，开关整定配合比较复杂。

3）由于地铁用电负荷大，低压进线电流很大，由所室之间的 0.4kV 电源线需采用母线槽供电，电压损失大。

4）由于地下空间十分紧张，母线槽的敷设增大了施工难度；增加了日常维护工作量。

（3）一所一跟随形式。这种布置形式是由上述两种形式演变而来的，在设备区一端设一座完整的降压变电所，另一端设一跟随式降压变电所。跟随式降压变电所内设动力变压器柜和 0.4kV 开关柜，其动力变压器通过降压变电所高压断路器分接于两段高压母线上，主接线形式如图 8-3 所示。

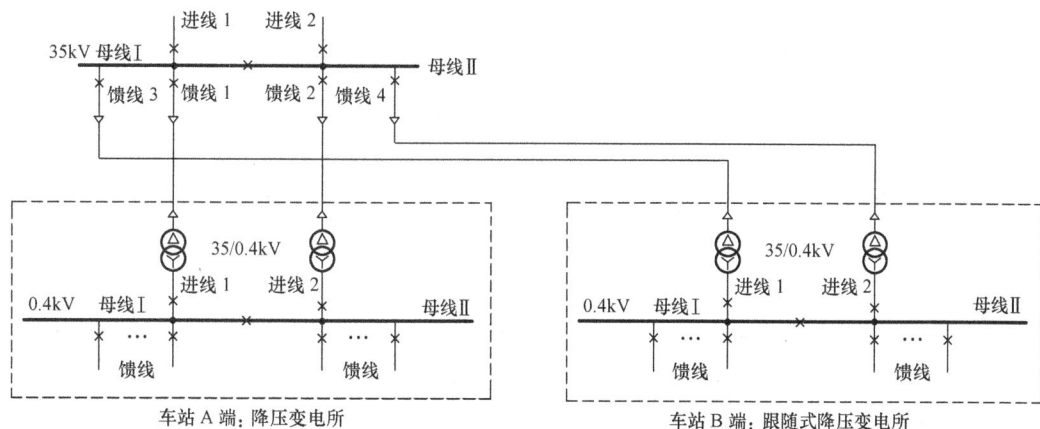

图 8-3 设置跟随降压变电所供电示意

这种布置形式，集中了以上两种布置形式的优点，其特点如下：

1）节省占地、节约投资。

2）整个系统接线形式简单、可靠。

3）跟随所动力变压器电源线采用高压电缆。因变电所设有电缆夹层或通道，施工方便，不易损坏。

由上述可见，跟随式降压变电所的设置，解决了占地大、投资多、低压母线截面大、运营损耗高、保护配合等方面的问题，但由于跟随式降压变电所与降压变电所分建在车站两端，跟随所动力变压器和动力变压器进线断路器间相隔较远，当动力变压器需停电检修时，为保证操作人员安全，通常是在动力变压器前设置手动隔离开关。但隔离开关的设置又引起新的问题：首先隔离开关柜体积大，占地下空间大，增加投资，不经济；其次隔离开关不具备分断能力，当对动力变压器进行维修时，存在操作人员误认带电变压器为待维修设备而开错门的安全隐患，导致由于误操作而损伤设备、危及操作人员的人身安全。

8.2.4　选址

降压变电所应结合具体条件和低压配电系统自身需求，选择合理的位置。在有牵引变电所的车站，若能合建尽量与牵引变电所合建。

（1）地面高架车站降压变电所。地面高架车站降压变电所应与车站合建，设置在车站的任一端头。

1）正线分布均匀时：设置在车站的任一端头。

2）不均匀时：设置在低压用电负荷较重的一端。

（2）下车站降压变电所。下车站降压变电所一般与车站合建。

（3）车辆段（停车场）。位于车辆段（停车场）的降压变电所与牵引变电所合建。

（4）控制中心。控制中心的降压变电所一般设在控制中心地下一层或地上一层。

8.3　降压变电所主接线

降压变电所主接线形式与变电所的位置、中压网络构成形式及运行方式、服务对象有关。

降压变电所主接线由交流中压开关设备、配电变压器、交流低压开关设备等几部分组成。主接线应满足可靠性、灵活性和经济性的基本要求。

主接线的可靠性包括一次部分和相应二次部分的综合可靠性，其很大程度取决于设备的可靠性，采用可靠性高的电气设备可以简化接线。当开关故障或检修、单段母线故障或检修时，不应影响一级负荷的供电连续性。

主接线在满足可靠性、先进性、灵活性要求的前提下，做到经济合理。

8.3.1　中压主接线

中压主接线一般为分段单母线，根据系统运行需要，可设或不设母线分段开关。跟随式降压变电所一般采用线路-变压器组接线。单台配电变压器正常负载率宜在70%左右，并应满足本降压变电所一、二级低压负荷的用电要求。

1. 中压主接线形式

（1）分段单母线接线（设母线分段开关）。降压变电所中压电源侧为分段单母线，设母线分段开关，母线分段开关可手动和自动操作。降压变电所在两段母线上各设一台配电变压器，其联结组别采用Dyn11，如图8-4所示。

中压部分包括中压开关、中压隔离手车、电压互感器、电流互感器、微机综合测控保护装置等主要设备。

1）中压开关：进线、联络、馈出及分段开关可采用真空断路器，利于继电保护设置和运行方式的灵活性。进线、联络及分段开关也可采用负荷开关，应注意负荷开关的短时耐流能力不得小于开关下口的短路容量，弊端是由于无法设置继电保护，对系统恢复送电的及时性有一定影响。馈出开关也可以采用负荷开关加配熔断器组合电气设备。

2）中压隔离手车：母线分段开关连接两段母线时，由于制造工艺的需要，隔离手车起母线转换作用。

3）电压互感器：主要为测量（计量）提供电压信号，为连锁提供电压信号。

4）微机综合测控保护装置：集保护、控制、连锁、测量为一体的综合装置，配有与变电所综合自动化系统连接的通信接口，是变电所综合自动化系统的基础设备。

（2）分段单母线接线（不设母线分段开关）。降压变电所中压电源侧为分段单母线，不设母线分段开关。降压变电所在两段母线上各设一台配电变压器，变压器联结组别采用Dyn11，如图 8-5 所示。

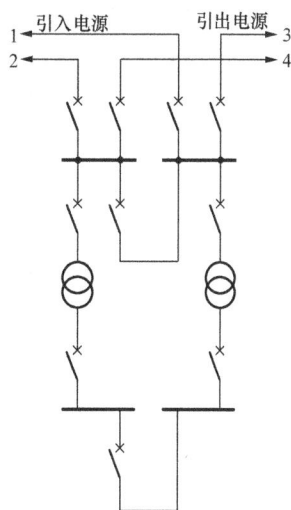

图 8-4 分段单母线接线示意（1）

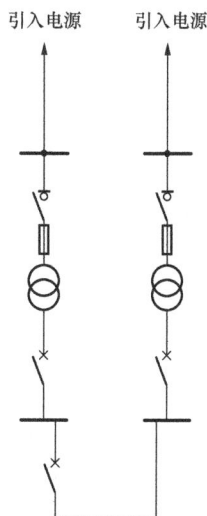

中压部分包括中压开关、电压互感器、电流互感器、微机综合测控保护装置等主要设备。除无母线分段开关外，其余设备配置参见设置母线分段开关接线。

城市轨道供电系统的中压网络一般为单环网、双环网结构形式，也有采用放射式结构形式的，以保证降压变电所两个独立电源进线的要求。单台配电变压器容量应满足降压变电所全部一、二级用电负荷的用电要求，当只有单台配电变压器运行时，对车站、区间、控制中心及车辆段、停车场的正常运营不应构成影响。母线分段开关技术上没有设置的必要性，取消母线分段开关，可以节省供电系统投资，但中压网络运行方式略欠灵活。

此类主接线形式应用较为广泛。

（3）线路-变压器组接线。线路-变压器组接线是由带熔断器的负荷开关（或断路器）和配电变压器组成。此接线形式一般用在跟随式降压变电所，如图 8-6 所示。中压部分包括中压负荷开关、熔断器等主要设备。

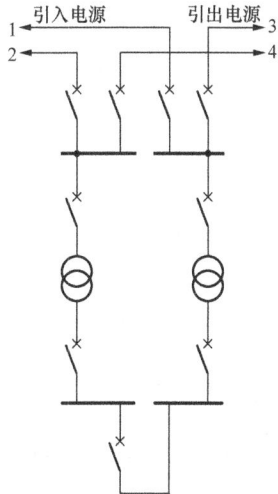

图 8-5 分段单母线接线示意（2）　　图 8-6 线路-变压器组接线示意

1）中压负荷开关：可以带负荷操作，但不能切出故障，应注意负荷开关的短时耐流能力不得小于开关下口的短路容量。

2）熔断器：与负荷开关配合，切出故障。

2. 中压主接线运行方式

正常运行时，两个独立的进线电源同时供电，两台变压器分列运行，负载率应尽量接近。下面仅分析中压主接线在各种非正常情况下的运行方式。

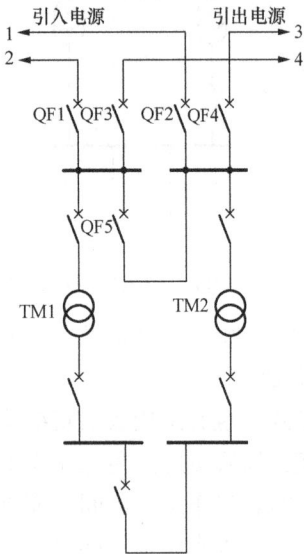

图 8-7　分段单母线示意（1）

（1）分段单母线接线（设母线分段开关）。分段单母线接线（设母线分段开关）如图 8-7 所示。

一个进线电源 QF1（QF2）失电退出后运行方式一：根据低压负荷情况，自动或手动切除三级负荷，另一台配电变压器 TM2（TM1）承担本降压变电所全部一、二级负荷的正常用电。

一个进线电源 QF1（QF2）失电退出后运行方式二：分段开关 QF5 投入运行，由另一个进线电源 QF2（QF1）向本降压变电所的两段母线供电。

当进线开关断电检修而不能影响两段母线运行时，可以采用短时间的合环运行方式。正常运行时，合环转换开关置于退出位。在合环工作状态时，合环转换开关置于合环选跳位，合环选跳任意进线开关或母线分段开关。

两个进线电源 QF1、QF2 失电退出后，通过调度令进线倒闸操作，由相邻变电所反向提供中压电源 QF3、QF4。采用这种方式时，倒闸操作需要一定的时间。在倒闸期间，本降压变电所暂时退出，对线路运营有短时间的影响。

当一段母线退出后，闭锁分段开关 QF5 投入功能，分段开关不投入运行，另一段母线继续运行。根据低压负荷的使用情况，自动或手动切除三级负荷。另一段母线上配电变压器承担本降压变电所全部一、二级负荷的正常用电。

当一台配电变压器 TM1（TM2）退出后，根据低压负荷情况，自动或手动切除三级负荷，另一台配电变压器 TM2（TM1）承担本降压变电所全部一、二级负荷的正常供电。

（2）分段单母线接线（不设母线分段开关）。分段单母线接线（不设母线分段开关）如图 8-8 所示。

一个进线电源 QF1（QF2）失电退出后运行方式一：根据低压负荷情况，自动或手动切除三级负荷，另一台配电变压器 TM2（TM1）承担本降压变电所全部一、二级负荷的正常用电。

一个进线电源 QF1（QF2）失电退出后运行方式二：通过调度令进行倒闸操作，由相邻变电所提供中压电源 QF3（QF4）。采用这种方式时，倒闸操作需要一定的时间。在倒闸期间，本降压变电所的全部一、二级负荷由另一段母线上的配电变压器承担。

当一段母线或配电变压器 TM1（TM2）退出后，运行方式和设置母线分段开关的分段单母线接线相同。

两个进线电源 QF1、QF2 失电退出后，通过调度令进行倒闸操作，由相邻变电所反向

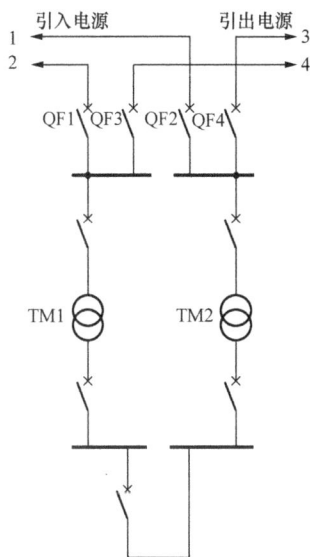

图 8 - 8　分段单母线示意（2）

提供中压电源 QF3、QF4。采用这种方式时，倒闸操作需要一定的时间。在倒闸期间，本降压变电所暂时退出，对线路运营有短时间的影响。

当两段母线或两台配电变压器同时退出后，本降压变电所退出运行。

（3）线路-变压器组接线。当一个进线电源失电或一台配电变压器退出后，根据低压负荷的使用情况，自动或手动切除三级负荷，本段的配电变压器容量满足本降压变电所全部一、二级负荷的正常用电需要。

当两进线电源或两台配电变压器同时退出后，本降压变电所退出运行。

8.3.2　低压主接线

1. 负荷分类及配电原则

（1）一级负荷。变电所操作电源，通信系统设备，信号系统设备，自动售检票系统设备，屏蔽门/安全门设备，火灾自动报警系统设备，消防系统设备，设备监控系统设备，气体灭火系统设备，防火门，防淹门，区间射流风机及其他与防灾有关的风机、电动阀门，消防泵、车站废水泵及区间主排水泵，雨水泵，地下车站站厅、站台公共区的一般照明，应急照明，地下区间照明，兼做疏散用的自动扶梯，锅炉设备（东北地区）属一级负荷。

站厅及站台照明有降压变电所两段低压母线分别供电，各带约 50% 的照明负荷。其他一级负荷应由双电源线路供电，当一个电源发生故障时，另一个电源不应同时受到破坏。

一级负荷中的特别重要负荷如变电所操作电源、火灾自动报警系统、通信系统、信号系统及应急照明系统，还应设置不间断电源装置。

（2）二级负荷。与防灾无关的风机，污水泵，设备管理用房照明，不用于疏散的自动扶梯、电梯属二级负荷。

二级负荷宜由双回线路供电。对电梯及其他距变电所不超过半个站台有效长度的负荷，可采用双电源单回线路专线供电。

（3）三级负荷。空调制冷给水系统设备、广告照明、清扫电源、电热设备、锅炉设备

（长江以南地区）属三级负荷。

三级负荷可为单电源单回线路供电，当系统中只有一个电源工作时允许切除该类负荷。

2. 低压主接线形式

0.4kV 配电系统直接面向车站、区间的低压用户，从用电设备负荷分类来讲，一、二级负荷占绝大多数，对低压电源的可靠性要求高。主变电所、电源开闭所、中压网络等输变电环节采取了一系列措施以提高供电系统的可靠性，在 0.4kV 配电系统这一环节采用分段单母线接线，设母线分段开关，如图 8-9 所示。

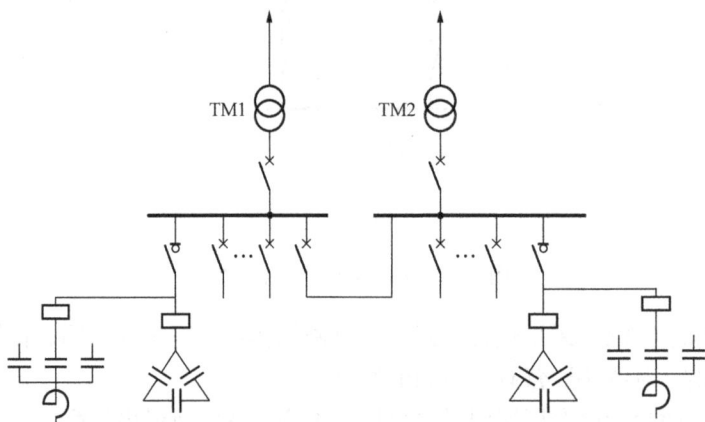

图 8-9　低压主接线示意

两段低压母线上的负荷应尽量均衡分配，与配电变压器安装容量相匹配。

采用低压集中补偿，0.4kV 低压母线设电力电容器组，电容器通过无功功率补偿控制器进行分组循环投切。

3. 低压主接线运行方式

正常运行时，两个独立的低压进线电源同时供电，两段母线分列运行。

当一个低压进线电源失压时，进线开关与母线分段开关可以采用"自投自复、自投手复、手投手复"等投入方式。

（1）自投自复运行方式。当一个低压进线电源失压延时跳闸，母线分段开关自动投入，另一个低压进线电源向两段母线供电。该低压进线电源来电时，母线分段开关自动分闸，该低压进线开关自动合闸，恢复正常运行方式。该方式属于常用的一种运行方式。

（2）自投手复运行方式。该运行方式与自投自复相比，唯一的区别在于低压进线电源来电时，母线分段开关手动分闸，该低压进线开关手动合闸。

（3）手投手复运行方式。与前两种运行方式相比，该运行方式母线分段开关投入运行、母线分段开关分闸及低压进线开关合闸均是手动实现的。

8.3.3　典型降压变电所主接线

典型降压变电所主接线如图 8-10、图 8-11 所示。

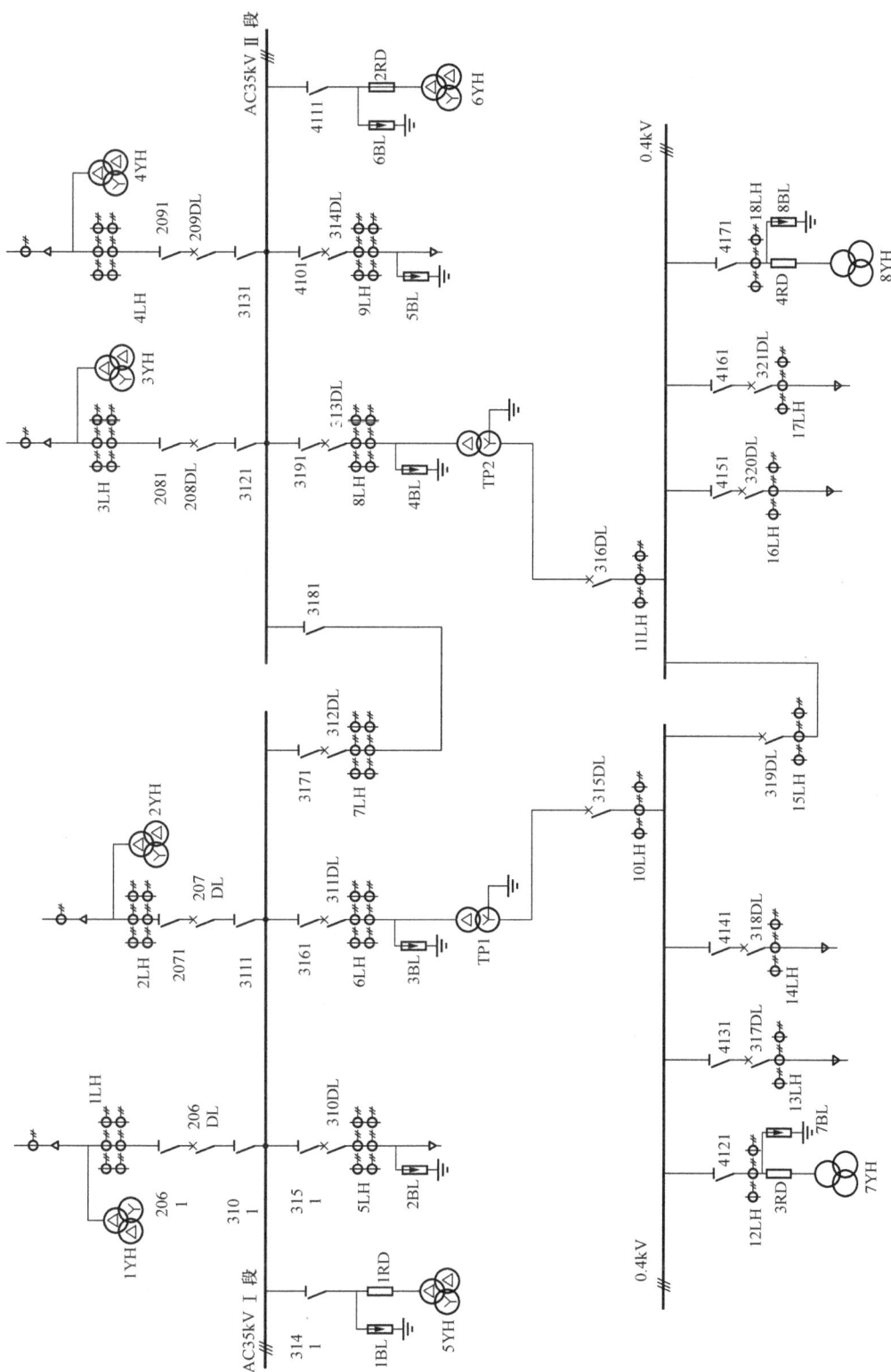

图 8 - 10　典型降压变电所主接线图

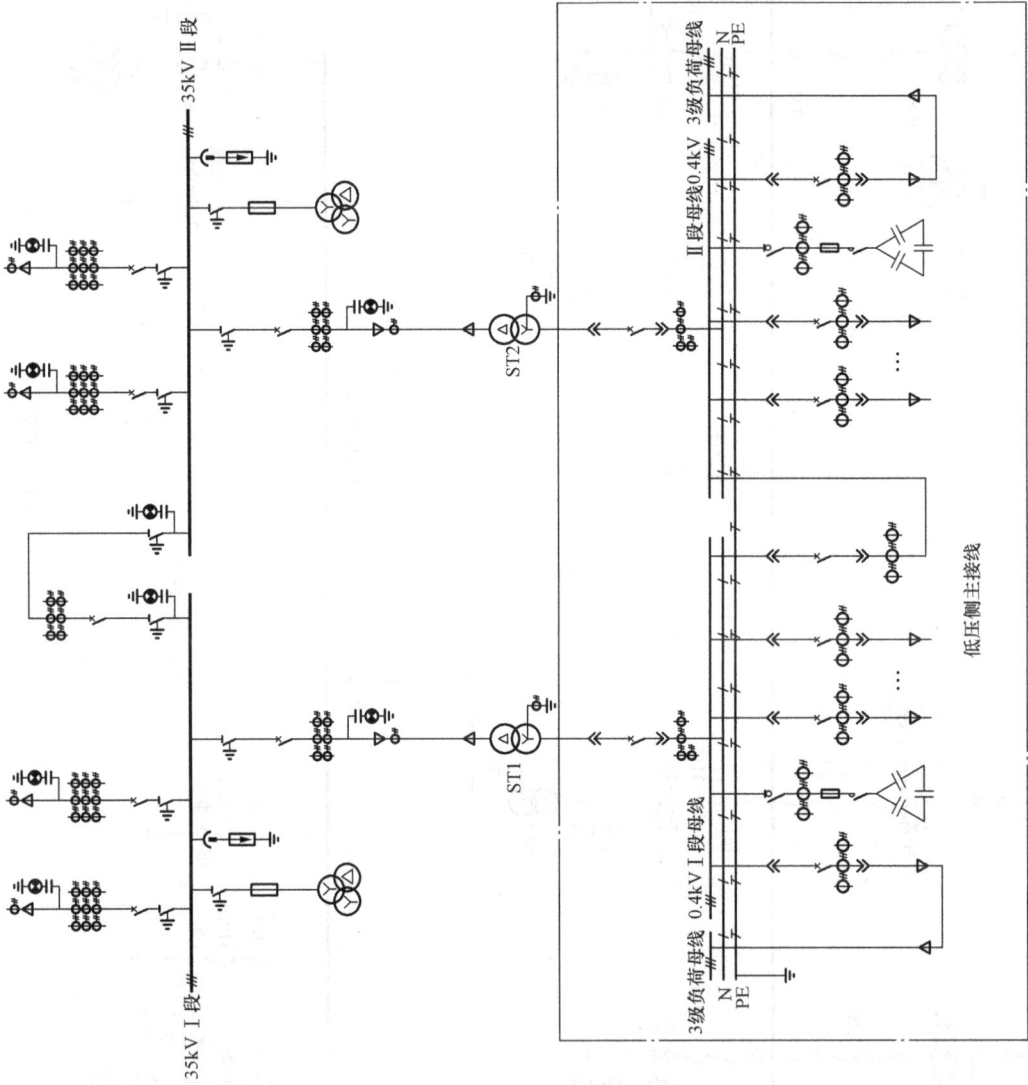

图 8 - 11 典型降压变电所主接线图

8.4 降压变电所变压器的选择

8.4.1 变压器容量的选择

在各电压等级的变电所中，变压器是变电所中的主要电气设备之一，它担任着向用户输送功率，或者在两种电压等级之间交换功率的重要任务，同时兼顾电力系统负荷增长情况，并根据电力系统5～10年的发展规划综合分析，合理选择。否则，将造成经济技术上的不合理。如果主变压器容量过大，台数过多，不仅增加投资，扩大占地面积，而且还会增加损耗，给运行和检修带来不便，设备也未必能充分发挥效益；若容量选得过小，可能使变压器长期在过负荷中运行，影响主变压器的寿命和电力系统的稳定性。因此，确定合理的变压器容量是变电所安全可靠供电和网络经济运行的保证。

在生产上电力变压器分为单相、三相、双绕组、三绕组、自耦、分裂变压器等，在选择主变压器时，要根据原始资料和设计变电所的自身特点，在满足可靠性的前提下，从经济性方面来选择主变压器。

主变压器容量一般按变电所建成近期负荷，5～10年的规划负荷选择，并适当考虑远期10～20年的负荷发展。对于城郊变电所主变压器容量应当与城市规划相结合，该所近期和远期负荷都给定，所以应按近期和远期总的负荷来选择主变压器的容量，根据变电所带负荷的性质和电网结构来确定主变压器的容量。

选择主变压器的容量，同时要考虑到该变电所以后的扩建情况来选择主变压器的台数及容量。

8.4.2 变压器台数的选择

变压器台数和容量的选择直接影响主接线的形式和配电装置的结构。它的确定除依据传递容量基本原始资料外，还应依据电力系统5～10年的发展规划、输送功率大小、馈线回路数、电压等级、接入系统的紧密程度等因素，进行综合分析和合理选择。

为了保证供电可靠性，避免一台变压器故障或检修时影响供电，变电所中一般装设两台变压器。当一台变压器故障或者检修时，另一台变压器可承担70%的负荷保证全变电所的正常供电。当装设三台及三台以上时，变电所的可靠性虽然有所提高，但接线网络较复杂，且投资增大，同时增大了占用面积和配电设备的数量，使得维护和倒闸操作等过程变得复杂，而且还会造成中压侧短路容量过大，不宜选择轻型设备。

为保证供电的可靠性，降压变电所一般装设两台主变压器。当系统处于最大运行方式时两台变压器同时投入使用，最小运行方式或检修时只投入一台变压器且能满足供电要求。

8.4.3 变压器形式的选择

（1）变压器相数的选择。当不受运输条件限制时，在330kV以下的变电所均应选择三相变压器。而选择主变压器的相数时，应根据变电所的基本数据及所设计变电所的实际情况来选择。

单相变压器组，相对来讲投资大，占地多，运行损耗大，同时配电装置、继电保护、二次接线的复杂化，也增加了维护及倒闸操作的工作量。

（2）绕组数的选择。在具有两种电压等级的城市轨道交通降压变电所，一般选择双绕组变压器。

（3）变压器调压方式的选择。变压器的电压调整是用分接头开关切换变压器的分接头，从而改变变压器的变比。切换方式有两种：一种不带负荷切换，称为无励磁调压，调压范围通常在 ±5%；另一种是带负荷切换，称为有载调压，调整范围可达 20%～30%。对于110kV 及其以下的变压器，设计时宜考虑至少有一级变压器采用有载调压方式。由于该变电所的地理位置比较重要，同时为了满足用户的用电质量和供电的可靠性，故选择有载调压方式，才能满足要求。

（4）联结组别的选择。变压器绕组的连接方式必须和系统电压相位一致，否则不能并列运行。全星形接线虽然有利于并网时相位一致的优点，而且全星形接法，零序电流没有通路，相当于与外电路断开，即零序阻抗相当于无穷大，对限制单相及两相接地短路都有利，同时便于接消弧线圈限制短路电流。但是三次谐波无通路，将引起正弦波的电压畸变，对通信造成干扰，也影响保护整定的准确度和灵敏度。如果影响较大，还必须综合考虑系统发展才能选用。我国规定 110kV 及以上电压变压器绕组都采用星形连接方式，35kV 也采用星形连接，其中性点多通过消弧线圈接地。35kV 以下电压，变压器绕组都采用三角形连接方式。

（5）变压器冷却方式的选择。变压器一般采用的冷却方式有自然风冷却、强迫油循环风冷却、强迫油循环水冷却。

8.5　变压器容量计算

降压变电所中用到的变压器属于配电变压器。配电变压器的容量需要在动力照明低压负荷齐全的基础上进行计算。在城市轨道交通车站、车辆段或控制中心，动力照明设备种类繁多，基本不存在各机电设备同时工作的可能，而且各单种机电设备的多台设备也不会同时工作。因此，配电变压器容量不能简单地将各低压负荷容量进行叠加求得，而是应充分考虑城市轨道交通车站、车辆段或控制中心内各动力照明设备的运行特点，在考虑多台设备需要系数的基础上，对各低压负荷在不同运行方式下去乘同时系数后求得。

目前在国内一些已建城市轨道交通线路中，存在配电变压器容量选择偏大的现象。造成配电变压器容量选择过大的主要原因是：动力照明专业向供电专业提供的低压用电负荷不准确、裕量大，同时供电专业对末端机电设备的运行工况了解不够，动力照明专业与供电专业相互间配合不足等。

对于配电变压器的容量，应充分考虑用电负荷的设备构成与运行工况，优化计算统计方法，合理进行选择，以达到投资合理、运行效率、电能损耗小、运行费用低的目的。

8.5.1　计算内容

配电变压器容量计算需要计算以下内容：

（1）各低压负荷的计算电流、计算功率、无功功率、视在功率，总负荷的计算功率、无功功率、视在功率。

（2）补偿前的总功率因数、需要补偿的无功功率容量、补偿后的视在功率。

（3）正常情况下两台配电变压器分列运行承担全部低压负荷时，每台配电变压器的负载率。

（4）非正常情况下一台配电变压器承担全部一、二级低压负荷时，单台配电变压器的负载率。

8.5.2 计算方法

负荷计算方法有需要系数法、二项式法和利用系数法。在工业企业中，这三种方法都是常用的，而民用建筑则常用需要系数法。地铁降压变电所供电要求及供电负荷种类和民用建筑供电要求及供电负荷种类相一致，故这里仅分析需要系数法。

配电变压器容量计算需要具备以下计算条件：各种动力照明负荷的设备容量、需要系数、功率因数、低压配电系统补偿后的总功率因数（一般为 0.9）等。

配电变压器容量计算重点在于需要系数和同时系数的确定。

城市轨道交通的低压负荷主要分为两大类——动力负荷和照明负荷。

动力负荷主要有通信、信号、自动售检票、风机、水泵、电梯与扶梯、空调、维修电源等。这些设备的运行和启动时间是错开的。其中有些低压负荷，如各种动力维修电源等同时使用的概率更是微乎其微，针对这些负荷，可以取一个较低的需要系数。

车站照明分为车站公共区和附属用房两部分。公共区的照明在运营的高峰时段全部打开，高峰过后，在设计措施上可考虑关掉一半照明，为运营节电创造条件。管理房间的照明在工作时段全部开启，而设备房间的照明平时不开启，只在人员巡视和检修时全部开启。这种工况便需要合理选择照明负荷的需要系数。

照明灯具不同，功率因数也不同。当选用功率因数较低的灯具时，一方面，动力照明应在设备末端做无功功率补偿设计；另一方面，在配电变压器出口侧设置无功功率集中补偿装置，以提高整个配电系统的功率因数。根据补偿后的功率因数反算配电系统的无功功率，再通过此时该无功功率和有功功率来计算配电变压器容量。

8.5.3 计算实例

某地铁车站、车辆段和控制中心负荷分布见表 8-1～表 8-3。下面分别对该地铁车站、车辆段和控制中心配电变压器的负荷进行计算，并进行变压器容量的选取。

表 8-1 车站负荷分布情况表

负荷等级	负荷种类	总容量（kW）	需要系数	功率因数
一、二级负荷	弱电设备（通信、信号等）	131	0.80	0.85
	环控通风、积水系统设备	566.8	0.70	0.90
	自动扶梯	240	0.80	0.80
	扶梯加热器	160	0.80	0.80
	站内电扶梯	30	0.80	0.80
	车站、区间正常照明	100	1.00	0.80
	安全门系统设备	25	1.00	0.80
	变电所自用电系统	24	0.80	0.80
	车站废水泵	22	0.80	0.80
	消防水泵	22	0.40	0.80
	应急照明	50	1.00	0.80
	小计	1370.8		

续表

负荷等级	负荷种类	总容量（kW）	需要系数	功率因数
三级负荷	采暖、空调设备、电开水器	342	0.70	0.80
	车站、区间广告照明、清扫维修设备	280	1.00	0.80
	区间维修设备	80	0.30	0.80
	小计	702		

表8-2　　　车辆段负荷分布情况

负荷等级	负荷种类	总容量（kW）	需要系数	功率因数
一、二级负荷	通信设备	45	0.80	0.85
	信号设备	80	0.80	0.85
	消防用电设备	25	0.60	0.80
	防灾用电设备	35	0.60	0.80
	通风设备	65	0.70	0.90
	检修动力（与运行有关）	125	0.85	0.85
	各车间照明负荷	105	0.70	0.80
	应急照明	55	1.00	0.80
	车辆设施单体设备	195	0.80	0.85
	小计	675		
三级负荷	通风空调设备	155	0.60	0.90
	检修动力（与运行无关）	120	0.70	0.80
	电热设备	75	0.60	0.70
	各检修库照明负荷	80	0.80	0.85
	小计	430		

表8-3　　　控制中心负荷分布情况

负荷等级	负荷种类	总容量（kW）	需要系数	功率因数
一、二级负荷	弱点设备（通信、信号等）	156	0.80	0.85
	环控通风、给水设备	700	0.70	0.90
	事故照明	30	0.60	0.80
	自动扶梯	285	0.60	0.60
	行调、环调、电调	125	0.70	0.80
	应急照明	60	1.00	0.80
	屏蔽门、消防系统	100	0.65	0.80
	稳压泵、喷淋泵	183	0.60	0.80
	电力监控系统	50	0.70	0.90
	防灾报警系统	50	0.70	0.70
	EMCS、监控中心	30	0.60	0.80
	控制中心照明	300	0.70	0.80
	小计	2069		

负荷等级	负荷种类	总容量（kW）	需要系数	功率因数
三级负荷	空调设备、电开水器	350	0.60	0.85
	冷水机系统	315	0.90	0.90
	维修设备	100	0.60	0.80
	小计	765		

1. 计算公式

（1）用电设备组的有功、无功和视在计算负荷为

$$P_C = K_x P_x (\text{kW}) \tag{8-1}$$

$$Q_C = P_C \tan\varphi (\text{kvar}) \tag{8-2}$$

$$S_C = \sqrt{P_C^2 + Q_C^2} (\text{kVA}) \tag{8-3}$$

$$S_C = \frac{P_C}{\cos\varphi} (\text{kVA}) \tag{8-4}$$

（2）配电干线或变电所的有功、无功和视在计算负荷为

$$P_{\Sigma C} = K_{\Sigma P} \sum (K_x P_x) \ (\text{kW}) \tag{8-5}$$

$$Q_{\Sigma C} = K_{\Sigma Q} \sum (K_x P_x) \ (\text{kvar}) \tag{8-6}$$

$$S_{\Sigma C} = \sqrt{P_{\Sigma C}^2 + Q_{\Sigma C}^2} \ (\text{kVA}) \tag{8-7}$$

式中　　P_x——用电设备组的设备功率，kW；

　　　　K_x——需要系数；

$\cos\varphi$、$\tan\varphi$——用电设备组的功率因数及功率角的正切；

$K_{\Sigma P}$、$K_{\Sigma Q}$——有功、无功同时系数。

变电所负荷计算公式汇总见表8-4。

表 8 - 4　　　　　　　　　　　　变 电 所 的 负 荷 计 算

计算点	有功计算负荷（kW）	无功计算负荷（kvar）	视在计算负荷（kVA）	计算电流（A）	功率因数
配电负荷 $i=1\sim n$	P_{Ci}	Q_{Ci}			
配电干线功率损耗 $i=1\sim n$	ΔP_{Wi}	ΔQ_{Wi}			
配电干线电源端 $i=1\sim n$	$P'_{Ci} = P_{Ci} + \Delta P_{Wi}$	$Q'_{Ci} = Q_{Ci} + \Delta Q_{Wi}$			
补偿前低压母线计算负荷	$P_C = K_{\Sigma P} \sum P'_{Ci}$	$Q_C = K_{\Sigma Q} \sum Q'_{Ci}$	$S_{C2} = \sqrt{P_{C2}^2 + Q_{C2}^2}$	$I_{C2} = \dfrac{S_{C2}}{\sqrt{3} U_{n2}}$	$\cos\varphi_2 = \dfrac{P_{C2}}{S_{C2}}$
无功补偿容量		$-Q_{NC}$			
补偿后低压母线计算负荷	P_{C2}	$Q'_{C2} = Q_{C2} - Q_{NC}$	$S'_{C2} = \sqrt{P_{C2}^2 + Q_{C2}'^2}$	$I'_{C2} = \dfrac{S'_{C2}}{\sqrt{3} U_{n2}}$	$\cos\varphi'_2 = \dfrac{P_{C2}}{S'_{C2}}$

计算点	有功计算负荷（kW）	无功计算负荷（kvar）	视在计算负荷（kVA）	计算电流（A）	功率因数
变压器功率损耗	ΔP_T	ΔQ_T			
变压器高压侧计算负荷	$P'_{C1}=P_{C2}+\Delta P_T$	$Q_{C1}=Q'_{C2}+\Delta Q_T$	$S_{C2}=\sqrt{P_{C1}^2+Q_{C1}^2}$	$I_{C2}=\dfrac{S_{C1}}{\sqrt{3}U_{n1}}$	$\cos\varphi_1=\dfrac{P_{C1}}{S_{C1}}$

在配电变压器容量计算不考虑配电干线的功率损耗，且因变压器技术数据不详，其变压器功率损耗可由简化公式 $\Delta P_T\approx 0.01S_C$，$\Delta Q_T\approx 0.05S_C$ 估算。

表 8-4 中无功补偿容量 Q_C 为

$$Q_C=P_C(\tan\varphi_1-\tan\varphi_2) \tag{8-8}$$

式中　P_C——补偿前低压母线侧总的有功功率；

　　　φ_1——补偿前低压母线侧的功率因数；

　　　φ_2——补偿后低压母线侧的功率因数，一般为 0.9。

2. 车站、车辆段和控制中心配电变压器的选取

利用需要系数法，集合车站、车辆段和控制中心的负荷分布情况进行车站、车辆段和控制中心负荷计算，选取配电变压器的容量。

车站、车辆段和控制中心配电变压器容量计算见表 8-5～表 8-7。

表 8-5　　　　　　　　　　　车站配电变压器容量计算

名　称	设备容量（kW）	需要系数	计算容量（kW）	功率因数 $\cos\varphi$	计算电流（A）	Q_{js}（kvar）	S_{js}（kVA）
弱电设备（通信、信号）	131	0.80	104.8	0.85	178.0	65.0	123.3
环控通风、给水系统设备	566.8	0.70	396.8	0.90	636.3	192.2	440.8
自动扶梯	240	0.80	192.0	0.80	346.4	144.0	240.0
扶梯加热器	160	0.80	128.0	0.80	184.8	96.0	160.0
站内电扶梯	30	0.80	24.0	0.80	43.3	18.0	30.0
车站、区间正常照明	100	1.00	100.0	0.80	180.4	75.0	125.0
安全门系统设备	25	1.00	25.0	0.80	45.1	18.8	31.3
应急照明	50	1.00	50.0	0.80	90.2	37.5	62.5
变电所自用电系统	24	0.80	19.2	0.80	34.6	14.4	24.0
采暖、区间广告照明等设备	342	0.70	239.4	0.80	431.9	179.6	299.3
区间维修设备	80	0.30	24.0	0.80	43.3	18.0	30.0
车站废水泵	22	0.80	17.6	0.80	31.8	13.2	22.0
消防水泵	22	0.40	8.8	0.80	15.9	6.6	11.0
总负荷容量	2072.8		1609.6	0.83	2804.3	1088.1	1942.8
同时系数	0.75		1207.2	0.83	2103.2	816.1	1457.1
补偿后总功率因数				0.90			
补偿容量						231.4	

续表

名　　称	设备容量 （kW）	需要系数	计算容量 （kW）	功率因数 $\cos\varphi$	计算电流 （A）	Q_{js} （kvar）	S_{js} （kVA）
补偿后总容量			1207.2	0.90	1936.0	584.7	1341.3
变压器功率损耗			12.1			29.2	
变压器高压侧计算负荷			1219.2	0.89	1970.3	613.9	1365.1
全部一、二级负荷容量			1039.8			660.8	1232.0
同时系数	0.75		779.8	0.84	1333.6	495.6	924.0
补偿后总功率因数				0.90			
补偿容量						117.9	
补偿后一、二级负荷总容量			883.8	0.92	1387.3	377.7	961.1
变压器容量							1000
单台变压器退出运行时，单台1000kVA变压器的负载率	0.96						
正常时，两台1000kVA变压器分列运行，每台的负载率	0.68						

表 8-6　　　　　　　　　　车辆段配电变压器容量计算

名　　称	设备容量 （kW）	需要系数	计算容量 （kW）	功率因数 $\cos\varphi$	计算电流 （A）	Q_{js} （kvar）	S_{js} （kVA）
通信设备	45	0.80	36.0	0.85	61.1	22.3	42.4
信号设备	80	0.80	64.0	0.85	108.7	39.7	75.3
消防用电设备	25	0.60	15.0	0.80	27.1	11.3	18.8
防灾用电设备	35	0.60	21.0	0.80	37.9	15.8	26.3
通风设备	65	0.70	45.5	0.90	73.0	22.0	50.6
检修动力（与运行有关）	125	0.85	106.3	0.85	180.4	65.8	125.0
各车间照明负荷	105	0.70	73.5	0.80	132.6	55.1	91.9
车辆设施单体设备	195	0.80	156.0	0.85	264.9	96.7	183.5
应急照明	55	1.00	55.0	0.80	99.2	41.3	68.8
通风空调设备	155	0.60	93.0	0.90	149.1	45.0	103.3
检修动力（与运行无关）	120	0.70	84.0	0.80	151.6	63.0	105.0
电热设备	75	0.60	45.0	0.70	92.8	45.9	64.3
总负荷容量	1080		794.3	0.83	1373.3	523.9	951.5
同时系数	0.75		595.7	0.86	1030.0	392.9	713.6
补偿后总功率因数				0.90			
补偿容量						104.4	
补偿后总容量			595.7	0.90	955.3	288.5	661.9
变压器功率损耗			6.0			14.4	

名　　称	设备容量(kW)	需要系数	计算容量(kW)	功率因数cosφ	计算电流(A)	Q_{js}(kvar)	S_{js}(kVA)
变压器高压侧计算负荷			601.6	0.89	972.3	302.9	673.6
全部一、二级负荷容量			572.3	0.84	983.5	369.9	681.4
同时系数	0.75		429.2	0.84	737.6	277.4	511.1
补偿后总功率因数				0.90			
补偿容量						69.6	
补偿后一、二级负荷总容量			486.4	0.92	763.5	207.9	529.0
变压器容量							630
单台变压器退出运行时，单台630kVA变压器的负载率	0.84						
正常时，两台630kVA变压器分列运行，每台的负载率	0.53						

表8-7　　　　　控制中心配电变压器容量计算

名　　称	设备容量(kW)	需要系数	计算容量(kW)	功率因数cosφ	计算电流(A)	Q_{js}(kvar)	S_{js}(kVA)
弱电设备（通信、信号）	156	0.80	124.8	0.85	211.9	77.3	146.8
环控通风、积水设备	700	0.70	490.0	0.90	785.8	237.3	544.4
事故照明	30	0.60	18.0	0.80	32.5	13.5	22.5
自动扶梯	285	0.60	171.0	0.85	290.4	106.0	201.2
行调、环调、电调	125	0.70	87.5	0.80	157.9	65.6	109.4
应急照明	60	1.00	60.0	0.80	108.3	45.0	75.0
屏蔽门、消防系统	100	0.65	65.0	0.80	117.3	48.8	81.3
稳压泵、喷淋泵	183	0.60	109.8	0.80	198.1	82.4	137.3
电力监控系统	50	0.70	35.0	0.90	56.1	17.0	38.9
防灾报警系统	50	0.70	35.0	0.85	59.4	21.7	41.2
EMCS、监控中心	30	0.60	18.0	0.80	32.5	13.5	22.5
控制中心照明	300	0.70	210.0	0.80	378.9	157.5	262.5
空调设备、电开水器	350	0.60	210.0	0.85	356.6	130.1	247.1
冷水机系统	315	0.90	283.5	0.90	454.7	137.3	315.0
维修设备	100	0.60	60.0	0.80	108.3	45.0	75.0
总负荷容量	2834		1977.6	0.86	3337.3	1198.0	2312.1
同时系数	0.90		1779.8	0.86	3003.6	1078.2	2080.9
补偿后总功率因数				0.90			
补偿容量						231.4	
补偿后总容量			1779.8	0.91	2818.2	802.8	1952.5

名 称	设备容量 (kW)	需要系数	计算容量 (kW)	功率因数 $\cos\varphi$	计算电流 (A)	Q_{js} (kvar)	S_{js} (kVA)
变压器功率损耗			17.8			40.1	
变压器高压侧计算负荷			1797.6	0.91	2865.7	842.9	1985.4
全部一、二级负荷容量			1424.1	0.85	2420.5	885.5	1677.0
同时系数	0.90		1281.7	0.85	2178.4	797.0	1509.3
补偿后总功率因数				0.90			
补偿容量						117.9	
补偿后一、二级负荷总容量			1281.7	0.90	2055.5	620.8	1424.1
变压器容量							1600
单台变压器退出运行时,单台 1600kVA 变压器的负载率	0.89						
正常时,两台 1600kVA 变压器分列运行,每台的负载率	0.62						

要根据变电所带负荷的性质和电网结构来确定主变压器的容量,对于有重要负荷的变电所,应考虑当一台变压器停运时,其余变压器容量在过负荷能力允许时间内,保证用户的一级和二级负荷;对一般性能的变电所,当一台主变压器停运时,其余变压器容量应保证全部负荷的 70%~80%。变电所容量按 70% 全部负荷来选择。

由于车站、车辆段和控制中心都带有重要负荷,因此车站、车辆段和控制中心配电变压器容量的选取是通过各自负荷中的一、二负荷容量选取的。

综上考虑,车站、车辆段和控制中心配电变压器选取干式双绕组有载调压变压器,其容量分别为 1000、630、1600kVA。

8.6 短路电流的计算

8.6.1 短路的原因

城市轨道交通供电系统要求正常、不间断地对地铁站中各个用电负荷供电,以保证城市轨道交通的安全运营。然而由于各种原因,也难免出现故障,而使系统的正常运行遭到破坏。系统中最常见的故障就是短路。短路就是指不同点位的导电部分包括导电部分对地之间的低阻抗短接。

造成短路的主要原因,是电气设备载流部分的绝缘损坏。这种损坏可能是由于设备长期运行,绝缘自然老化或由于设备本身质量低劣、绝缘强度不够而被正常电压击穿,或设备质量合格、绝缘合乎要求而被过电压击穿,或者是设备绝缘受到外力损伤而造成短路。

8.6.2 短路的后果

短路后,系统中出现的短路电流比正常负荷电流大得多。如此大的短路电流可对供电系统产生极大的危害。因此必须尽力设法消除可能引起短路的一切因素，同时需要进行短路电流的计算，以便正确地选择电气设备，使设备具有足够的动稳定性和热稳定性，以保证在发生可能有的最大短路电流时不致损坏。为了选择切除短路故障的开关设备、整定短路保护的继电保护装置、选择限制短路电流的元件（如电抗器）等，也必须计算短路电流。

8.6.3　短路电流的计算

取两个短路电流点进行计算，分别为 d1 和 d2 点，牵引降压混合变电所交流短路等效图如图 8-12 所示。

图 8-12　牵引降压混合变电所交流短路等效图

1. 35kV 母线短路计算

（1）确定标幺基值。

假设 $S_d = 100\text{MVA}$，$U_{av} = 1.05U_N$ （8-9）

由式（8-9）计算得

$$U_{av} = 1.05U_N = 1.05 \times 110 = 115.5(\text{kV})$$

$$U_{av}^1 = 1.05U_N^1 = 1.05 \times 35 = 36.75(\text{kV})$$

$$I_d = \frac{S_d}{\sqrt{3}U_{av}} \qquad (8-10)$$

式中　I_d——基准电流；

　　　S_d——基准容量；

　　　U_{av}——基准电压。

由式（8-10）计算得

$$I_{d0} = \frac{S_d}{\sqrt{3}U_{av}^1} = \frac{100}{\sqrt{3} \times 36.75} = 1.57(\text{kA})$$

（2）计算各主要元件的电抗标幺值。系统电抗为

$$X_1^* = \frac{S_d}{S_{oc}} \qquad (8-11)$$

式中　S_{oc}——断路器阻抗。

取断路器阻抗 $S_{oc} = 1500\text{MVA}$，由式（8-11）计算得

$$X_1^* = \frac{S_d}{S_{oc}} = \frac{100}{1500} = 0.067$$

110kV 线路阻抗为

$$X_2^* = x_1 l_1 \frac{S_d}{U_{av}^2} \qquad (8-12)$$

式中　X_2^*——110kV 线路阻抗；

　　　x_1——电力线路每相的单位长度电抗平均值。

由式（8-12）计算得

$$X_2^* = x_1 l_1 \frac{S_d}{U_{av}^2} = 0.4 \times 50 \times \frac{100}{115.5 \times 115.5} = 0.15$$

110/35kV 变压器电抗为

$$X_3^* = \frac{U_{KT1}\%}{100} \times \frac{S_d}{S_{NT1}} \tag{8-13}$$

设该地铁一号线主变电所变压器选择为 SFS10-31500 / 110 型铜线三绕组特地损耗三相电力变压器。

查表得出此变压器的各项参数：空载损耗 37.1kW，短路损耗 175kW，空载电流 1.0%，短路阻抗 10.5%。

$U_{KT1}\%$ 为变压器的短路电压（亦称阻抗电压）百分值，故

$$U_{KT1}\% = 10.5, S_{NT1} = 31\ 500$$

由式（8-13）计算得

$$X_3^* = \frac{U_{KT1}\%}{100} \times \frac{S_d}{S_{NT1}} = \frac{10.5}{100} \times \frac{100\ 000}{31\ 500} = 0.34$$

35kV 线路阻抗为

$$X_4^* = x_4 l_4 \frac{S_d}{U_{av}^2} = 0.12 \times 2 \times \frac{100}{36.75 \times 36.75} = 0.018$$

（3）求三相短路电流和短路容量。

总电抗的标幺值

$$\sum X_i^* = X_1^* + X_2^* + X_3^* + X_4^* = 0.067 + 0.15 + 0.34 + 0.018 = 0.575$$

三相短路电流周期分量有效值

$$I_{d1} = \frac{I_{d0}}{\sum X_i^*} \tag{8-14}$$

由式（8-14）计算得

$$I_{d1} = \frac{I_{d0}}{\sum X_i^*} = \frac{1.57}{0.575} = 2.73(kA)$$

其他三相短路电流：

$$i_{imp} = 2.55 I_{d1} \tag{8-15}$$

$$I_{imp} = 1.51 I_{d1} \tag{8-16}$$

由式（8-15）和式（8-16）分别计算得

$$i_{imp} = 2.55 I_{d1} = 2.55 \times 2.73 = 6.96(kA)$$

$$I_{imp} = 1.51 I_{d1} = 1.51 \times 2.73 = 4.12(kA)$$

三相短路容量：

$$S_{d1} = \frac{S_d}{\sum X_i^*} \tag{8-17}$$

由式（8-17）计算得

$$S_{d1} = \frac{S_d}{\sum X_i^*} = \frac{100}{0.575} = 173.91(MVA)$$

2.0.4kV 母线短路计算

(1) 确定标幺基值。

$$S_d = 100\text{MVA}, U_{d2} = 0.4\text{kV}$$

由式（8-10）计算得

$$I_d = \frac{S_d}{\sqrt{3}U_{d2}} = \frac{100}{\sqrt{3} \times 0.4} = 144.34(\text{kA})$$

(2) 计算各主要原件的电抗标幺值。

系统电抗（取断路器 $S_{oc}=1500\text{MVA}$），由式（8-11）计算得

$$X_1^* = \frac{S_d}{S_{oc}} = \frac{100}{1500} = 0.067$$

110kV 线路阻抗，由式（8-12）计算得

$$X_2^* = x_1 l_1 \frac{S_d}{U_{av}^2} = 0.4 \times 50 \times \frac{100}{115.5 \times 115.5} = 0.15$$

110/35kV 变压器电抗，式（8-13）计算得

$$X_3^* = \frac{U_{KT1}\%}{100} \frac{S_d}{S_{NT1}} = \frac{10.5}{100} \times \frac{100\,000}{31\,500} = 0.34$$

35kV 线路阻抗

$$X_4^* = x_4 l_4 \frac{S_d}{U_{av}^2} = 0.12 \times 2 \times \frac{100}{36.75 \times 36.75} = 0.018$$

35/0.4kV 变压器电抗

$$X_5^* = \frac{U_{KT2}\%}{100} \times \frac{S_d}{S_{NT2}} = \frac{6}{100} \times \frac{100\,000}{1600} = 3.75$$

(3) 求三相短路电流和短路容量。

总电抗标幺值：

$$\sum X_i^* = X_1^* + X_2^* + X_3^* + X_4^* + X_5^* = 0.067 + 0.15 + 0.34 + 0.018 + 3.75 = 4.325$$

三相短路电流周期分量有效值，由式（8-14）计算得

$$I_{d2} = \frac{I_d}{\sum X_i^*} = \frac{144.34}{4.325} = 33.37(\text{kA})$$

其他三相短路电流值，由式（8-15）和式（8-16）计算得

$$i_{imp} = 2.55 \times I_{d2} = 2.55 \times 33.37 = 85.10(\text{kA})$$

$$I_{imp} = 1.51 \times I_{d2} = 1.51 \times 33.37 = 50.39(\text{kA})$$

三相短路容量，由式（8-17）计算得

$$S_{d2} = \frac{S_d}{\sum X_i^*} = \frac{100}{4.325} = 23.12(\text{MVA})$$

降压变电所短路电流的计算方法与牵引降压混合变电所短路电流的计算方法相同，此处不再赘述。降压变电所主接线由交流中压开关设备、配电变压器、交流低压开关设备等组成。主接线在满足可靠性、先进性、灵活性要求的前提下，做到经济合理。在本次设计中降压变电所主接线采用单母线分段连接，设有母线分段开关，失电压自投、过电流闭锁、来电自复。低压配电系统采用 TN-S 系统，中性线与接地线分开，在变电所一点接地。为了运作方便，分段开关可以不设保护，只作为调度对系统的供电分区重新调整用。变电所设两台配

电变压器，分别接于两段母线、分列运行，动力负荷与照明负荷合用。

习 题

8-1 简述城市轨道交通降压变电所的功能。

8-2 对降压变电所如何进行布点和选址？

8-3 降压变电所主接线有哪些形式？分别画出其主接线示意图，分析其特点。

8-4 在城市轨道交通供电系统中，动力照明负荷如何分类？分别对供电有何要求？

8-5 分析降压变电所低压主接线运行方式。

9 接 触 轨

接触轨系统是地铁牵引供电系统的重要子系统，它直接影响到地铁供电系统甚至整个地铁系统的安全运营。本章主要对接触轨进行介绍，主要内容包括：城市轨道交通牵引供电系统接触网的类型；接触轨（第三轨）的国内外的应用情况；接触轨（第三轨）的授流方式。

9.1 城市轨道交通牵引供电系统接触网的类型

目前，接触网按布置方式上分为架空式和第三轨两大类。架空式接触网是一种悬挂在轨道上方沿轨道敷设的、和铁路轨顶保持一定距离的一种接触网形式。架空式接触网又可分成柔性架空式接触网和刚性架空式接触网两类，可简称柔性悬挂和刚性悬挂。

1. 柔性架空接触网

柔性架空式接触网由接触悬挂、支持装置、支柱与基础几大部分组成。接触悬挂是将电能传导给电动车组的供电设备。支持装置用来支持悬挂，并将悬挂的负荷传递给支柱或固定装置。支柱与基础用以承受接触悬挂和支持装置所传递的负荷（包括自身重力），并将接触线悬挂固定在一定的高度。

按承力索的设置情况，柔性架空式接触网又简单分为简单悬挂和链型悬挂。

（1）简单悬挂。简单接触悬挂，是由一根或几根相互平行的直接固定到支持装置上的接触线所组成的悬挂，如图 9-1 所示。简单接触悬挂一般用于车速较低的线路上。

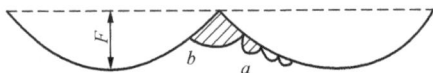

图 9-1 简单接触悬挂及离线和冲击示意

简单悬挂的悬挂方式比较简单，支持装置和支柱所承受的负荷较轻，支柱高度要求较低，因而建造费用比较经济，施工方便和维修简单。其缺点是弛度大，弹性不均匀，不利于电动车组高速运行。

由图 9-1 可知，弹性不均匀会造成由于受电弓上下追随速度和电动车组运行速度不协调而发生离线和冲击现象。当受电弓由 a 点移动至 b 点时，可能因为车速大而弓线脱离，发生电弧，并且由于对 b 点的局部冲击而增加接触线局部的机械磨耗和损伤。

因此，简单悬挂只适用于车速较低的线路上，一般车速不宜超过 40km/h。

（2）链型悬挂。链型悬挂是接触线通过吊弦悬挂到承力索上的悬挂形式。所谓的链型悬挂，主要指的就是吊弦，它比简单悬挂增加了吊弦和承力索。吊弦的装设使接触线在不增加支柱的情况下增加了悬挂点。该方式减小了接触线的弛度，改善了弹性，提高了稳定性，可以满足机车高速运行取流的要求。不足之处是结构较复杂，投资大，施工、检修、调整工作量大。

链型悬挂按悬挂链数有单链型悬挂、双链型悬挂、多链型悬挂，如图9-2～图9-4所示。

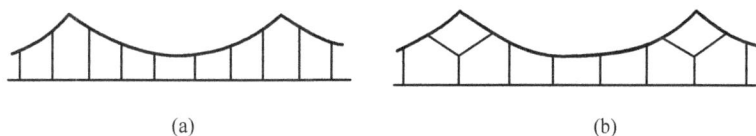

图9-2 单链型接触悬挂

（a）简单链型悬挂；（b）弹性链型悬挂

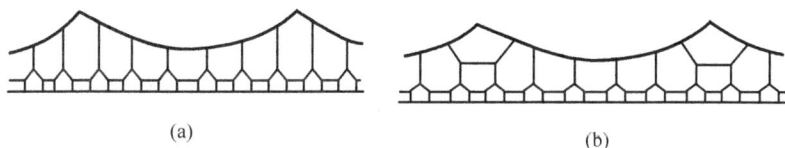

图9-3 双链型接触悬挂

（a）简单双链型悬挂；（b）弹性双链型悬挂

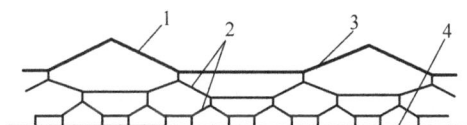

图9-4 三链型接触悬挂

1—承力索；2—辅助索；3—吊弦；4—接触线

链型悬挂根据线索的锚定方式有未补偿简单链型接触悬挂、具有季节性调整的链型接触悬挂、半补偿弹性链型悬挂、全补偿链型悬挂四种形式，如图9-5～图9-8所示。目前常用的是全补偿链型悬挂。

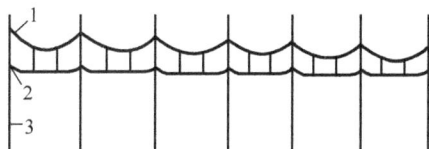

图9-5 未补偿简单链型悬挂

1—承力索下锚终端绝缘子；2—接触线下锚终端绝缘子；3—锚柱

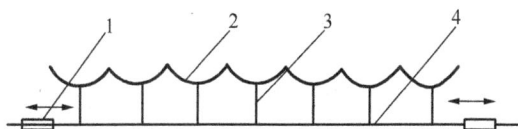

图9-6 具有季节性调整的链型接触悬挂

1—调整螺丝；2—承力索；3—吊弦；4—接触线

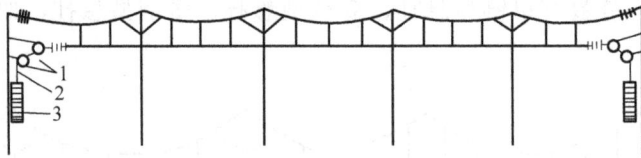

图 9-7　半补偿链型接触悬挂
1—滑轮；2—补偿绳；3—坠砣

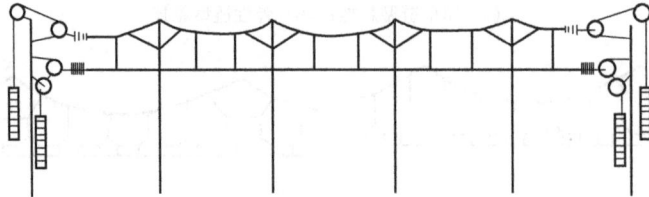

图 9-8　全补偿链型接触悬挂

2. 刚性架空接触网

架空刚性接触网主要用于地下铁道，至今有一百多年的历史了。1895 年，架空刚性悬挂首次在美国巴尔的摩第一条电气化铁路中应用。架空刚性接触网以汇流排形状分，有两种结构，分别是 T 形结构和 Π 形结构，如图 9-9 所示。1961 年，在日本营团城市轨道日比谷线投入使用了 T 形刚性悬挂；1983 年，在法国巴黎 BAJPA 线投入使用了 Π 形刚性悬挂。

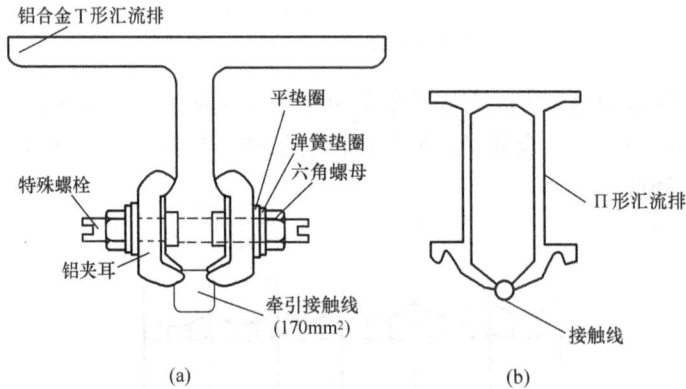

(a)　　　　　　　　　　(b)

图 9-9　架空刚性悬挂
(a) T 形汇流排；(b) Π 形汇流排

国内第一条架空刚性悬挂于 2003 年 6 月 28 日在广州建成（即广州地铁二号线，三元里——琶洲，长约 18.4km），采用了 PAC110 型单 Π 形汇流排结构。

架空刚性接触网主要由接触悬挂、支持、定位装置等组成。

（1）接触悬挂。架空刚性悬挂主要由汇流排、接触导线、伸缩部件、中心锚结等组成。接触悬挂通过支持与定位装置安装于隧道顶或隧道壁上。汇流排一般采用铝合金材料制成。伸缩元件的功能是能在一定范围内自由伸缩，同时又能满足电气性能的要求。中心锚结的作用是防止接触悬挂窜动。

（2）支持和定位装置。架空刚性接触网的支持和定位装置主要有腕臂结构和门形结构。腕臂结构主要由可调节绝缘腕壁、汇流排线夹、腕臂底座、绝缘子等组成。其特点是调节灵活、外形美观，但结构复杂，成本高。此种结构主要用于隧道净空较高或地面的线路。门形结构由横担槽钢、绝缘子及汇流排线夹组成。其特点是结构简单、可靠，但调节较困难。

架空刚性接触网是架空柔性接触网相对应的一种接触网形式，与架空柔性接触网有明显的差别。刚性悬挂、柔性悬挂都能满足传输功率、电压电流、最大行车速度的要求。刚性接触网的跨距一般为 6～12m，柔性接触网的跨距一般是刚性接触网跨距的 3～5 倍。刚性接触网是一种几乎没有弹性的接触网，适合于隧道内安装。无论在日常维护方面，还是事故抢修、导线更换，刚性悬挂的工作量要小于柔性悬挂。它们的技术比较见表 9 - 1。

表 9 - 1   架空刚性悬挂与架空柔性悬挂技术比较

项目	架空刚性接触网	架空柔性接触网
悬挂组成	结构紧凑	较复杂
断线可靠性	无断线，可靠性高	有断线，隐患可靠性较差
受电弓受流情况	受流效果良好	受流效果较差
安装精度要求	安装精度要求较高	相对可以低
导线磨耗	导线磨耗均匀	导线磨耗不均匀，允许磨耗小
维护	维护工作量少	维护工作量大

3. 第三轨（接触轨）

第三轨式接触网是沿线路敷设的与轨道平行的附加接触轨，又称为第三轨，其功用与架空接触网一样，通过它将电能输送给电动车组。不同点在于，接触轨是敷设在铁路旁的钢轨。电动车组由伸出的取流靴与之接触而接受电能。本章主要介绍接触轨。

9.2 接 触 轨

9.2.1 接触轨的组成

接触轨（也称第三轨）主要由接触轨、端部弯头、接触轨接头、防爬器和安装底座组成。

（1）接触轨。目前，主要采用钢铝复合轨，它的主要特点是导电率高，质量轻，磨耗小，电能损耗低。

（2）端部弯头。接触轨端部弯头主要是为了保证集电靴顺利平滑通过接触断轨处而设置的。

（3）接触轨接头。接触轨接头一般分为正常接头和温度伸缩接头两种。正常接头采用铝制鱼尾板固定各段导电轨且不预留温度伸缩缝，但要求接头与支持点的距离不小于 600mm。温度伸缩接头主要是为了克服接触轨随环境温度的变化而引发伸缩。

（4）防爬器。防爬器即中心锚结。设置防爬器主要是为了限制接触轨自由伸缩段的膨胀伸缩量。

（5）安装底座。接触轨的安装底座一般采用绝缘式整体安装底座，且一般安装在轨道整体道床或轨枕上。

9.2.2　接触轨的特点

第三轨系统采用高导电性能的钢铝复合接触轨，单位电阻小，可降低牵引网的电能损耗，不用额外敷设沿线的馈电电缆，从而有效地节约运营成本。复合材质的接触轨具有质量轻、耐腐蚀、耐磨损等特点，维护量小，可以节约维护成本。并且，它安装在走行轨的旁边，对铁路周围的景观影响较小。钢铝复合接触轨与电力机车集电靴之间的接触面为不锈钢层，因此使用寿命长。

9.2.3　接触轨国内外的应用情况

第三轨和刚性悬挂主要用于轻轨和地铁，架空式柔性悬挂主要用于电气化铁路接触网。

目前，接触网系统的电压等级有 DC600V、750V、1100V、1500V、3000V 等。第三轨系统的电压等级有 DC600V、630V、700V、750V、825V、900V、1000V、1200V 等。

根据统计资料从世界范围来看，超过 80% 的城市轨道系统运营线路采用第三轨供电方式，接触网方式则不足 20%。架空式接触网需要架设支柱，支持悬挂接触网要安装腕臂或横跨，横跨由金属桁架或横向承力索、上下定位绳组成。在城市中间密布支架和电线网，影响市容，有碍观瞻。当然通过巧妙的规划设计可以减小不利影响。而第三轨受电，接触轨位置低，没有明显的高大部件（如立柱、横向承力索、金属桁架等），城市景观好，对电磁污染较易采取防护措施。因此，新建的轨道交通系统采用第三轨馈电的也日益增多。例如，1990 年建成的新加坡地铁，为保护旅游城市环境，采用第三轨馈电。

我国城市轨道交通建设起源于北京，20 世纪 60 年代初，北京在修建城市轨道时采用了接触轨（第三轨）的受电方式，接触轨安装于线路行车方向的左侧，集电靴采用上部授流方式。目前，在我国有不少城市的地铁线路采用了接触轨系统。例如北京地铁 1 号线工程、北京地铁环线工程、天津地铁 1 号线、北京地铁复八线工程、北京地铁 13 号线工程、北京地铁八通线工程，武汉轨道交通 1 号线。

伴随着我国地铁建设事业的发展，接触轨技术也不断发展，主要表现在以下方面：安装方式由单一的上部授流方式，发展成上部授流方式与下部授流方式并存；导电轨由低碳钢材料发展成钢铝复合材料；防护罩（及支架）由木板材料发展成玻璃钢材料；绝缘子材料除电瓷外还开发出环氧树脂材料及硅橡胶材料；相应的一些施工安装方法也有所改进。目前，直流 1500V 接触轨系统也在积极研发之中。

9.3　授　流　方　式

第三轨系统通过车辆的受流器将电能传送给电力牵引车辆。第三轨一般是刚性、无偏转地固定安装在轨旁车辆限界之外的支架上。根据车辆受流器从接触轨的取流方式不同，接触轨的授流方式分为上部授流、下部授流和侧部授流三种方式。

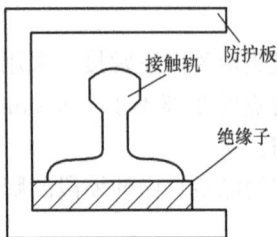

图 9-10　上部授流

9.3.1　上部授流

上部授流方式为接触轨正放，如图 9-10 所示。

北京地铁 1 号、2 号、4 号、5 号、10 号、13 号线和八通线采用上部授流方式。

优点：结构简单，设备费、维护和更新费用较低。

缺点：因结构的局限性，带电接触轨的安全防护性能较差。

9.3.2 下部授流

下部授流方式为接触轨倒放，如图9-11所示。

武汉轨道交通1号线采用下部授流方式。

下部授流方式优点如下：

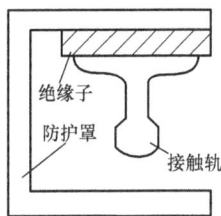

图9-11 下部授流

（1）接触轨的安装高度及水平方向均可做适度调整，不需要设计多种高度的零部件就可以满足实际需要。

（2）不容易被无意识地碰触到，利于人身安全防护。

（3）较好的确保牵引网系统的安全可靠运行。

下部授流方式的缺点是相对于上部授流接触方式而言，结构较复杂，设备费、维护和更新费用较高。

9.3.3 侧部授流

侧部授流方式是近年来新开发的一种接触轨悬挂方式，其特点是接触轨侧放，如图9-12所示。接触轨轨头端面朝向走行轨，授流靴从侧面授流。

以上三种授流方式接触轨与授流靴的接触方式如图9-13所示。

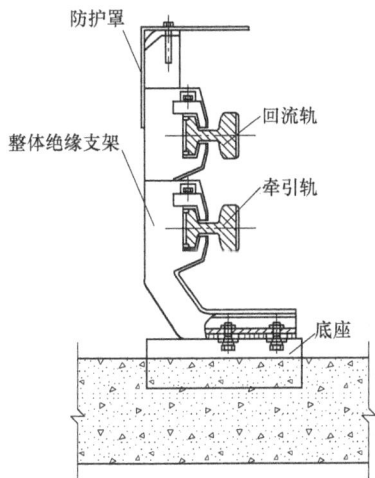

图9-12 侧部授流

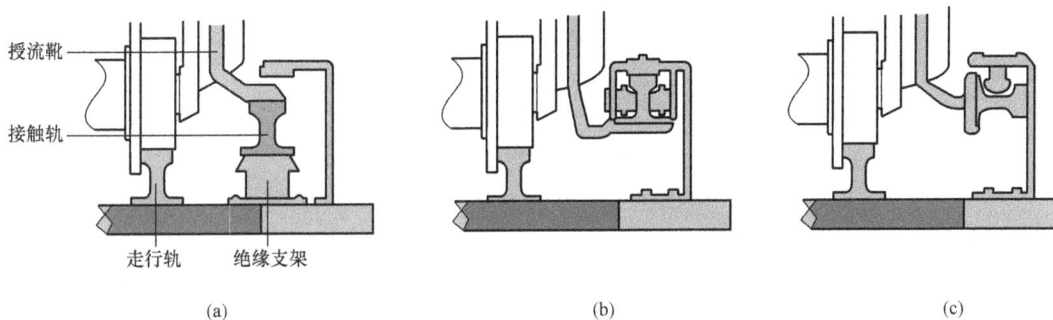

(a)　　　　　　　　　　(b)　　　　　　　　　　(c)

图9-13 三种授流方式接触轨与授流靴的接触方式

(a) 上部授流；(b) 下部授流；(c) 侧部授流

习 题

9-1 城市轨道交通接触网的类型有哪些？

9-2 简述柔性架空式接触网由哪些部分组成，并说明各组成部分的作用。

9-3 与柔性架空式接触网相比，架空刚性接触网有哪些特点？

9-4 什么是第三轨？它的作用是什么？

9-5 接触轨由哪些部分组成？说明各组成部分的作用。

9-6 接触轨的授流方式有哪些？说明不同授流方式的特点及其在国内外城市轨道交通中的应用情况。

10 杂散电流腐蚀防护

杂散电流腐蚀对城市轨道系统本身及周围结构物的影响，始终是困惑城市轨道交通安全运营的重要因素。因此，为了更好地对杂散电流的腐蚀危害进行防护、控制和评价，我们有必要对杂散电流的产生、腐蚀及危害进行分析。

目前，国际上杂散电流防护通常采用 VDE0115 国际标准和德国 VDV501/2 标准，适用于采用直流电力牵引和走行轨回流方式的地铁系统的设计、施工、运行维护等各个环节，这些标准目前已被大多数国家所采用。1992 年颁布的《地铁杂散电流腐蚀防护技术规程》是我国地铁杂散电流腐蚀防护专业的第一个行业标准，它在我国地铁工程建设的初期与运行中发挥了十分重要的作用。

在地铁杂散电流腐蚀方面，经过研究，杂散电流对埋地金属管线和混凝土主体结构钢筋的腐蚀在本质上是电化学腐蚀，而且这种腐蚀属于局部腐蚀。

在杂散电流分布模型的推导过程中，杂散电流的大小一般仅能由简化的假定来估算，计算的目的也只是理论性地对杂散电流有个基本的了解，用公式指出减少杂散电流的条件或手段。

在杂散电流在线监测方面，国外进行了大量的研究。目前国外已经研究出长线管道受杂散电流腐蚀的监测方法，使用了大量存储的数据采集装置，利用计算机进行数据采集和数据分析。总之，研究新的监测方法和在线监测系统，是地铁杂散电流腐蚀监测发展的要求和趋势。

10.1 杂散电流的产生、腐蚀及危害

10.1.1 杂散电流的产生

1. 产生过程

目前，地铁、轻轨的牵引供电方式一般采用电力牵引，供电系统采用直流供电方式，供电电压在我国有 DC750V 和 DC1500V 两种，这也是世界各国地铁的主要供电电压等级。馈电的方式有两种：一种是架空接触网；另一种是接触轨（第三轨）。

下面以单边供电为例来分析杂散电流是如何产生的。

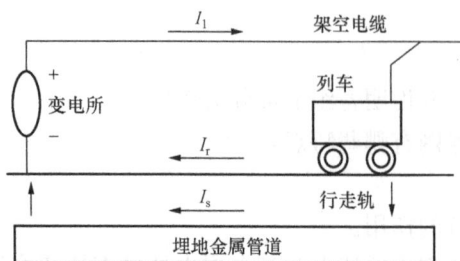

图 10-1 杂散电流形成原理

列车所需的牵引电流 I_1 由牵引变电所的正极出发，并通过架空接触网（轨）、受电弓向电动列车供电，然后经行走轨（即回流轨）回流到牵引变电所的负极，产生回流电流 I_r，如图 10-1 所示。

在理想的状况下，走行轨的电阻等于 0，行走轨对地的泄漏电阻为无穷大，此时牵引电流 I_1 全部经行走轨回到变电所，因此牵引电流 I_1 等

于行走轨上的电流 I_r，即

$$I_1 = I_r$$

然而实际情况中行走轨的电阻不可能达到 0，当有电流 I_r 流过时，将产生压降。同时，负荷端（列车）对大地的泄漏电阻也不能达到无穷大，一般为 $5 \sim 100\Omega \cdot km$，随着其运营年代的增加，将不可避免地出现绝缘老化、轨道接缝受损，以及积水、雨雪、导电粉尘、油污等恶劣的外界环境影响问题。继而出现回流行走轨对道床的绝缘下降，同时行走轨的电阻增大，导致钢轨泄漏电阻减小和列车处走行轨电位升高，不可避免地向道床及车站、隧道结构泄漏电流，形成杂散电流 I_s，俗称迷流。

也就是说，牵引电流 I_1 在回流的过程中分成两部分：一部分是回流电流 I_r，另一部分是杂散电流 I_s，即

$$牵引电流\ I_1 \begin{cases} 回流电流\ I_r \rightarrow 流回牵引变电所 \\ 杂散电流\ I_s \rightarrow 流向大地（形成杂散电流）\end{cases}$$

2. 杂散电流的大小

杂散电流形成原理图等效电路图如图 10-2 所示。图中直流电源代表牵引变电所；R_r 为走行轨电阻，单位为 Ω；R_s 为牵引变电所与大地之间泄漏电阻，单位为 Ω；R_t 为负荷端与大地之间泄漏电阻，单位为 Ω；R 为土壤横向电阻，单位为 Ω；I_1 为牵引电流；I_r 为回流电流；I_s 杂散电流。

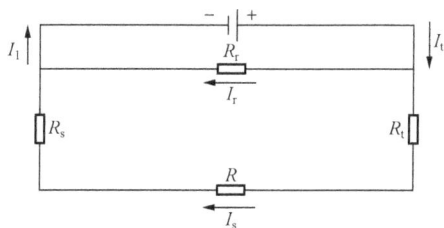

图 10-2 杂散电流形成原理等效电路

由图 10-2 可知，总电阻为

$$I_Z = R_r(R_s + R_t + R)/(R_s + R_t + R_r + R)$$

$$I_s = IR_r/(R_s + R_t + R_r + R) \tag{10-1}$$

而

$$R = \rho \frac{l}{A} \tag{10-2}$$

式中　R——土壤横向电阻；

　　　l——负荷端（列车）与牵引变电所之间距离；

　　　ρ——土壤电阻率，$\Omega \cdot m$；

　　　A——土壤横向面积，m^2。

由式（10-2）知，土壤横向面积 $A \rightarrow \infty$ 时，土壤横向电阻 $R \rightarrow 0$。

所以，得到杂散电流的简化计算式为

$$I_s \approx IR_r/(R_s + R_t + R_r) \tag{10-3}$$

3. 杂散电流的路径

流入地下的杂散电流主要通过两途径回流到牵引变电所，如图 10-3 所示。

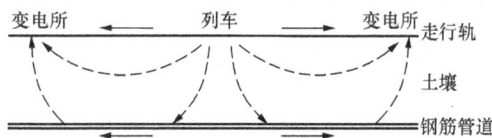

图 10-3 杂散电流流径

　　一部分电流直接沿着土壤流回牵引变电所下的钢轨回流；另一部分是先进入土壤，再从土壤中流入附近的金属结构（如管道、钢筋等），电流沿着地下金属结构物到达牵引变电所下的土壤，最后经土壤回到钢轨到达变电所。

10.1.2　杂散电流腐蚀机理

　　杂散电流腐蚀属于电化学腐蚀，电化学腐蚀反应是一种氧化还原反应。在反应中，金属失去电子而被氧化，其反应过程称为阳极反应过程。介质中的物质从金属表面获得电子而被还原，其反应过程称为阴极反应过程。把进行电子传导的金属导体与进行离子传导的电解质相接触的界面称为电极系，电子导体和离子导体的接合称为 e-i 接合。

　　地铁直流牵引供电方式所形成的杂散电流及其腐蚀部位如图 10-4 所示。走行轨和金属管线均为电子导体，地面为离子导体，电子在 A 和 D 点流出，金属导体与地面组成 e-i 界面为阳极；电流在 B 点和 F 点流入，则地面与金属导体组成的 i-e 界面为阴极。由图 10-4 可知，杂散电流所经过的路径可等效地看成两个串联的电解电池。

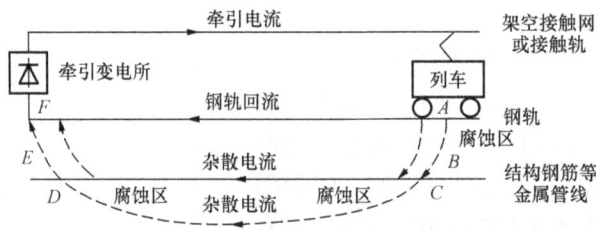

图 10-4　地铁杂散电流腐蚀原理图

　　电池Ⅰ：A 钢轨（阳极区）→B 道床、土壤→C 金属管线（阴极区）。

　　电池Ⅱ：D 金属管线（阳极区）→E 土壤、道床→F 钢轨（阴极区）。

　　当杂散电流由图 10-4 中的两个阳极区——钢轨（A）和金属管线（D）流出时，该部位的金属 Fe 便与其周围的电解质发生阳极过程的电解作用，此处的金属即遭到腐蚀。

　　根据发生电解反应的环境条件，将腐蚀过程分为两种：当金属（Fe）周围的介质不存在氧时发生的氧化还原反应是析氢腐蚀；当金属（Fe）周围的介质存在氧时发生的氧化还原反应是吸氧腐蚀。电解方程如下：

　　（1）析氢腐蚀（无氧）。

　　阳极：$2Fe \longrightarrow 2Fe^{2+} + 4e^-$

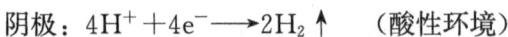

　　阴极：$4H^+ + 4e^- \longrightarrow 2H_2 \uparrow$　　（酸性环境）

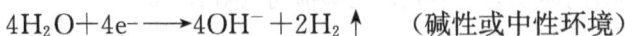

　　　　　$4H_2O + 4e^- \longrightarrow 4OH^- + 2H_2 \uparrow$　　（碱性或中性环境）

　　（2）吸氧腐蚀（有氧）。

　　阳极：$2Fe \longrightarrow 2Fe^{2+} + 4e^-$

　　阴极：$O_2 + 4H^+ + 4e^- \longrightarrow 2H_2O$　　（酸性环境）

　　　　　$O_2 + 2H_2O + 4e^- \longrightarrow 4OH^-$　　（碱性或中性环境）

　　阳极附近生成的 Fe^{2+} 向周围水溶液深处扩散、迁移，与溶液中的 OH^- 反应生成 $Fe(OH)_2$ 沉淀，$Fe(OH)_2$ 被进一步氧化成 $Fe(OH)_3$，$Fe(OH)_3$ 脱水后变成疏松、多孔的红锈 Fe_2O_3；在少氧的情况下 $Fe(OH)_2$ 氧化不完全，部分生成黑铁锈 Fe_3O_4。

　　$Fe^{2+} + 2OH^- \longrightarrow Fe(OH)_2$

$$4Fe(OH)_2 + O_2 + 2H_2O \longrightarrow 4Fe(OH)_3$$

$$2Fe(OH)_3 \longrightarrow Fe_2O_3 + 3H_2O$$

$$6Fe(OH)_2 + O_2 \longrightarrow 2Fe_3O_4 + 6H_2O$$

$$Fe(OH)_2 \longrightarrow Fe(OH)_3 \longrightarrow Fe_2O_3 \quad (氧气不足)$$

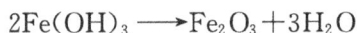

上述两种腐蚀反应通常生成 $Fe(OH)_2$。而在钢筋表面或介质中析出，部分还可以进一步被氧化形成 $Fe(OH)_3$。生成的 $Fe(OH)_2$ 继续被介质中的 O_2 氧化成棕色的 $Fe_2O_3 \cdot 2xH_2O$（红锈的主要成分），而 $Fe(OH)_3$ 可进一步生成 Fe_3O_4（黑锈的主要成分）。

杂散电流腐蚀一般的特点如下：腐蚀剧烈、集中于局部位置；当有防腐层时，又往往集中于防腐层的缺陷部位。

10.1.3 杂散电流的危害

地铁杂散电流腐蚀会造成严重后果，香港曾因地铁杂散电流引起煤气管道的腐蚀穿孔而造成煤气泄漏的事故。天津地铁也存在着水管被杂散电流迅速蚀穿的情况。在日本、美国、法国、意大利、英国、加拿大、俄罗斯等国的地铁也存在地铁杂散电流腐蚀的问题。例如，英国地铁已有一百多年的历史，曾因杂散电流的腐蚀使钢筋混凝土发生塌方；美国也曾经报道过由阴极保护系统来的杂散电流曾造成汽油管线漏电点上与之接触的水管腐蚀穿孔，而漏出的水侵蚀了汽油管线表面，使阴极保护系统失效。

1. 表现形式

地铁的杂散电流是一种有害的电流，会对地铁中的电气设备、设施的正常运行造成不同程度的影响，以及对隧道、道床的结构钢和附近的金属管线造成危害。这种危害主要表现在以下几个方面：

（1）钢轨及其附件腐蚀。在列车下部，走行轨处于阳极区，容易发生腐蚀。资料表明，钢轨的杂散电流腐蚀在隧道内、道岔等部位尤为显著，在有些地方2~3年就要更换轨道。道钉也有杂散电流腐蚀，而且多发生在钉入部位，从表面上难以发现。

（2）钢筋混凝土结构物腐蚀。杂散电流流过混凝土时对混凝土本身并不产生影响，但如果有钢筋存在，钢筋很容易发生腐蚀。如果结构物中的钢筋与钢轨有电接触，则更容易受到杂散电流腐蚀。在地铁运营一段时间后，如果要对被杂散电流腐蚀破坏的钢筋混凝土结构物进行维修和更换将是十分困难的。

（3）埋地管线腐蚀。杂散电流对埋地管线会产生腐蚀。地铁系统内的埋地管线主要有自来水管线等，在系统外则可能有煤气管线、石油管线、自来水管线等公用事业管线及各种电缆管线等。据调查，这些管线不同程度地存在杂散电流腐蚀问题，有些铁管数年内甚至数月内即发生点蚀。在设计和建设地铁时，不考虑此问题会产生极为严重的后果。

（4）异常腐蚀。为了维修或装卸货物方便，在把地铁轨道引入修理库、交检库、运转库等建筑物时，往往忽视道轨、枕木、道床间的绝缘问题，使钢轨与建筑物发生某种程度的电连接，使泄漏电流增大，产生较强的杂散电流腐蚀。

此外，若杂散电流流入电气接地装置，将会引起过高的接地电位，导致某些设备无法正常工作。同时杂散电流流过大地时将产生对地电压，严重时可危及人身安全。

2. 定量估计

利用法拉第定律可以对金属管线的腐蚀量进行估计：

$$m = KI_s t \tag{10-4}$$

式中　m——金属腐蚀量，g；

　　　K——金属的电化学当量，g/(A·h)，铁取 1.045g/(A·h)；

　　　I_s——杂散电流，A；

　　　t——时间，h。

这里，电化学当量是指在电化学反应中，1A 电流在 1h 内所析出的 1mol 电子对应的金属质量，有专门的金属电化当量手册可以查阅（通过实验获得）。

例如，铁的摩尔质量是 56g/mol，电解反应时 1mol Fe 失去 2mol 电子，所以 1mol 电子对应的参加反应的铁就是 28g，这样，每通过 26.8A·h 的电量（26.8 为实验常数），就有 28g 的金属铁被氧化。由此可推算出铁的电化当量为

$$28g/26.8A·h = 1.045g/(A·h)$$

利用式（10-4）可以估算，1.0A 的杂散电流在一年内可以腐蚀掉 9.15kg 钢铁。由此看来，杂散电流对金属构件的腐蚀危害还是相当大的。

10.2　杂散电流分布的一般规律

整条地铁线路由多个变电所为机车供电，在每个供电区间一般都是双边供电，且在轨道上运行的列车负荷也是变化的。又由于地质条件不同，轨道对地的过渡电阻和土壤电阻也是不同的。鉴于这许多因素的不确定性，为简化所研究的问题，只考虑供电回路的理想条件，假定：

（1）走行轨的纵向电阻和对地的过渡电阻是均匀分布的。

（2）排流网电阻和对结构钢的过渡电阻是均匀分布的。

（3）馈电线路的阻抗忽略不计。

（4）埋地结构金属和大地电位相同。

（5）双边供电时，两侧电源特性相同。

（6）在排流网排流情况下，杂散电流全部被排流网收集起来。

10.2.1　单边供电方式下杂散电流的分布

地铁牵引供电系统采用单边供电时，其供电回路如图 10-5 所示。其中，I 为列车牵引电流；I_n、I_w 为 I 在负荷点两个方向的电流；L 为牵引变电所和列车之间的距离。

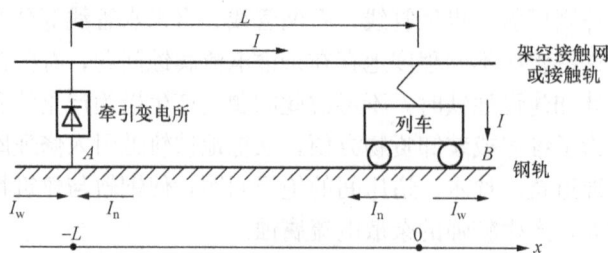

图 10-5　单边供电回路示意

单边供电方式下的走行轨电位及杂散电流电流计算公式为

$$u(x) = \frac{R_s\gamma I}{sh\gamma L}\left[ch\gamma(L+x) - ch\gamma x\right] \tag{10-5}$$

$$i_g(x) = I\left[1 - \frac{sh\gamma(L+x) - sh\gamma x}{sh\gamma L}\right] \qquad (10-6)$$

式中　γ——走行轨传播常数，$\gamma = \sqrt{\dfrac{R_s}{R_g}}$，1/km；

R_s——走行轨纵向电阻，Ω/km；

R_g——走行轨对地过渡电阻，$\Omega \cdot$ km；

$i_g(x)$——杂散电流泄漏总量，A；

$u(x)$——走行轨对地电位，V；

L——牵引变电所和列车之间的距离，km；

x——坐标上任意一点到列车之间的距离，km。

由式（10-5）和式（10-6）得出单边供电方式下走行轨电位和杂散电流分布分别如图 10-6（a）、（b）所示。

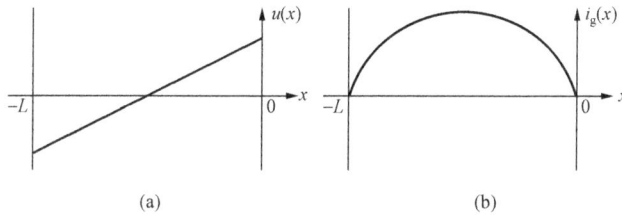

图 10-6　单边供电方式下走行轨电位和杂散电流分布示意

（a）走行轨电位分布示意；（b）杂散电流分布示意

10.2.2　双边供电方式下杂散电流的分布

地铁牵引供电系统采用双边供电时，其双边供电回路如图 10-7 所示。其中，I_1、I_2 分别为左侧和右侧牵引变电所提供的牵引电流；I_{n1}、I_{w1} 为 I_1 在负荷点两个方向的电流；I_{n2}、I_{w2} 为 I_2 在负荷点两个方向的电流；L 为两牵引变电所之间的距离，km；L_1、L_2 分别为左侧、右侧牵引变电站和列车之间的距离，km。

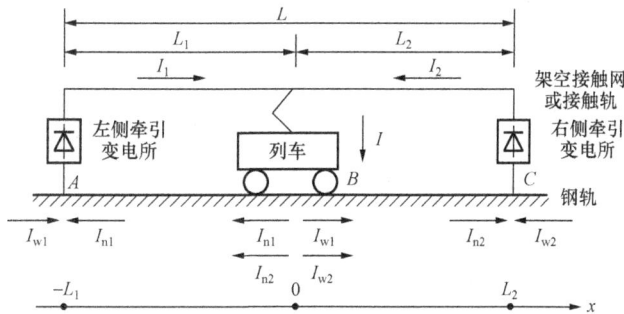

图 10-7　双边供电回路示意

双边供电方式下的走行轨电位及杂散电流计算公式如下：

在 L_1 区段

$$u(x) = R_s\gamma I_{w2}e^{\gamma x} + \frac{R_s\gamma I_{n1}}{sh\gamma L_1}\left[ch\gamma(L_1+x) - ch\gamma x\right] \qquad (10-7)$$

$$i_{g}(x) = I_{w2}(1 - e^{\gamma x}) + I_{n1}\left[1 - \frac{sh\gamma(L_1 + x) - sh\gamma x}{sh\gamma L_1}\right] \tag{10-8}$$

在 L_2 区段

$$u(x) = R_s\gamma I_{w1}e^{-\gamma x} + \frac{R_s\gamma I_{n2}}{sh\gamma L_1}\left[ch\gamma(L_2 - x) - ch\gamma x\right] \tag{10-9}$$

$$i_{g}(x) = I_{w1}(1 - e^{-\gamma x}) + I_{n2}\left[1 - \frac{sh\gamma(L_2 - x) + ch\gamma x}{sh\gamma L_2}\right] \tag{10-10}$$

由式（10-7）～式（10-10）得出双边供电方式下走行轨电位和杂散电流分布分别如图 10-8（a）、（b）所示。

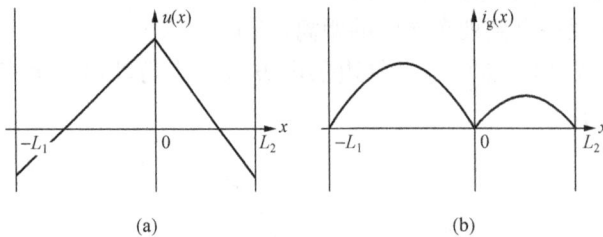

图 10-8　双边供电方式下走行轨电位和杂散电流分布示意
(a) 走行轨电位分布示意；(b) 杂散电流分布示意

10.2.3　设置排流网供电方式下杂散电流的分布

上面分析了单双边供电模式下，杂散电流的分布情况。鉴于实际地铁供电模式均为双边供电，下面以双边供电的分布模型推导排流与未排流时杂散电流分布情况，设置排流网的双边供电回路如图 10-9 所示。

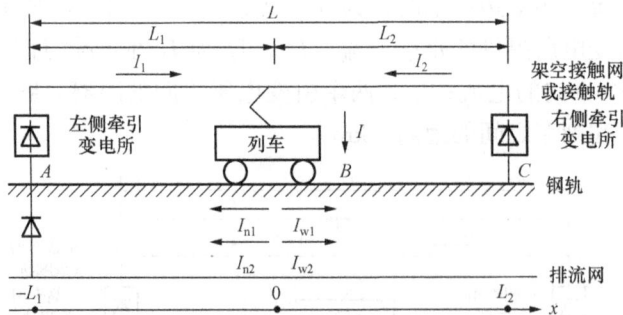

图 10-9　设排流网的双边供电回路示意

（1）未排流情况。该情况下排流装置不工作，结论相当于原始推导模型，在 L_1 和 L_2 区段内，走行轨电位和杂散电流分布表达式即为式（10-7）～式（10-10）。

（2）排流情况。排流即为将整流器处的轨道与回流点直接短接。双边供电方式下的走行轨电位及杂散电流计算公式如下：

在 L_1 区段

$$u(x) = I_1\sqrt{\frac{R_g}{R_s + R_R}}\frac{1}{ch(\alpha L_1)}sh(\alpha x) \tag{10-11}$$

$$i_{g}(x) = I_1\frac{R_s}{R_s + R_R} - I_1\frac{R_s}{R_s + R_R}\frac{1}{ch(\alpha L_1)}ch(\alpha x) \tag{10-12}$$

在 L_2 区段

$$u(x) = I_2 \sqrt{\frac{R_g}{R_s + R_R}} \frac{1}{\text{ch}(\alpha L_2)} \text{sh}[\alpha(L-x)] \qquad (10 \text{-} 13)$$

$$i_g(x) = I_2 \frac{R_s}{R_s + R_R} - I_2 \frac{R_s}{R_s + R_R} \frac{1}{\text{ch}(\alpha L_2)} \text{ch}[\alpha(L-x)] \qquad (10 \text{-} 14)$$

式中 α——走行轨传播常数，$\alpha = \sqrt{\frac{(R_s + R_R)}{R_g}}$，1/km；

R_R——排流网纵向电阻，Ω/km；

L——两牵引变电所之间的距离，km。

由式（10-11）～式（10-14）可以得出设排流网的双边供电方式下走行轨电位和杂散电流分布分别如图 10-10（a）、（b）所示。

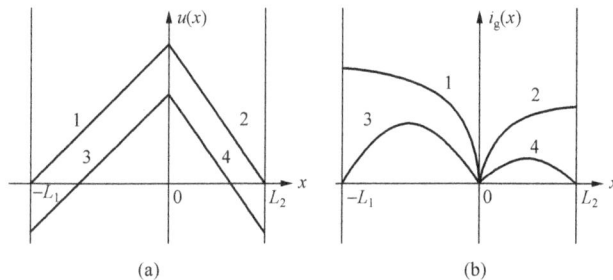

图 10-10　排流与不排流双边供电方式下走行轨电位和杂散电流分布示意
（a）走行轨电位分布示意；（b）杂散电流分布示意
1、2—排流；3、4—未排流

根据以上分析可以得到走行轨电位和杂散电流分布的规律如下：

（1）走行轨电位：从变电所到机车处走行轨电位逐渐增加，且在变电所负极附近为负的最大值，该处杂散电流从埋地金属体流出，金属对地形成阳极，受杂散电流腐蚀最严重；在机车底部的走行轨为正的最大值，该处杂散电流由走行轨流入埋地金属体，走行轨对地形成阳极，此处走行轨受杂散电流腐蚀最严重。

（2）泄漏杂散电流总量：从变电所到机车处泄漏杂散电流总量先增加后减少，在变电所和机车底部走行轨附近为零，在机车与变电所的中点附近最大。

（3）排流后，走行轨电位增加，有可能超过容许的安全电压（65V）；从走行轨泄漏到地下的电流增大，排流网中流过电流也增大。

（4）牵引电流的大小对走行轨电位有影响，牵引电流越大，走行轨对地电位越高，杂散电流也越大。

（5）牵引变电所之间的距离增加，在牵引电流不变的情况下，走行轨对地电位和杂散电流也随之增加。

（6）走行轨对地过渡电阻对杂散电流的分布影响很大，过渡电阻越小，杂散电流强度越大，当过渡电阻小于 $3\Omega \cdot$ km 时，杂散电流的泄漏比较严重，而过渡电阻大于 $15\Omega \cdot$ km 时，杂散电流泄漏很小。

（7）走行轨纵向电阻对走行轨电位影响较大，走行轨纵向电阻增加，走行轨纵向电位成比例增加，走行轨对地电位增加，杂散电流也增加。

（8）埋地金属结构的纵向电阻对走行轨电位和杂散电流的影响较小。

10.3　杂散电流腐蚀防护措施

10.3.1　国内外杂散电流腐蚀防护研究现状

杂散电流的危害已引起高度重视，欧美各国、日本的铁路通信和电力部门的研究所及高等院校内均设置了专门机构从事这方面的研究。从原理上讲，消除泄漏电流即可防止杂散电流腐蚀，但这在实际上几乎是不可能的。因此在实践中，一方面要尽可能减少泄漏电流，即从源头上消除杂散电流腐蚀产生的可能；另一方面要对各种设施和金属结构分别采取相应的防护措施。从理论上讲，减小泄漏电流主要有减小轨道的纵向电阻和增大轨地过渡电阻两条途径。通过增大钢轨横截面积和缩短负载与变电站间的距离，即可达到减小轨道纵向电阻的目的。

排流法在国外取得了成功应用，但使用排流法也可能带来副作用，会对没有采取排流措施的金属结构造成干扰。如何充分发挥排流法的优势，又充分抑制其副作用，是我们不得不考虑的问题。

10.3.2　杂散电流腐蚀防护

地铁线路杂散电流的防护是一项系统的工程，目前常用的防护方法大致可归为三类：

（1）让回流轨中的电流全部流回牵引变电所的负极，而不能向地下泄漏，即在回流轨与地之间采取有效的绝缘；控制和减少杂散电流产生的根源，隔离所有可能的杂散电流泄漏的途径，俗称"堵"或"防"。

（2）将回流轨中部分向外泄漏的电流以某种渠道将其引回牵引变电所的负极，即设置合理的排流机构，为杂散电流提供一条畅通的低电阻通路，俗称"排"。

（3）通过与排流网电气连接的测防端子和走行轨来监测杂散电流的大小，以便超标时及时采取措施，俗称"测"。

在直流牵引供电的系统中，对杂散电流的防护原则是：以防为主，以排为辅，防排结合，加强监测。

1．"堵"——源头控制

影响杂散电流的因素主要有牵引电流、牵引变电所之间的距离、走行轨的电阻值、对地过渡电阻等。根据实践经验，单边供电情况下杂散电流的计算公式为

$$I_s = \frac{1}{8} I \frac{R_{sl}}{R_{gl}} L^2$$

式中　I——列车牵引电流，A；

　　　R_{sl}——走行轨纵向电阻，Ω/km；

　　　R_{gl}——走行轨对地过渡电阻，$\Omega \cdot km$；

　　　L——牵引变电所和列车之间的距离，km。

由此可知，杂散电流值随着用电列车与供电牵引变电所之间距离的增加而增加；随着回流走行轨纵向电阻的增加而增加；随着牵引电流的增加而增加；随着走行轨对地过渡电阻的增加而减小。目前已建或者在建的地铁中采用了很多有效的方法。

（1）提高牵引网压。杂散电流值随着牵引电流的增加而增加，根据功率的公式可知，在

相同的牵引功率下，提高直流牵引电压，可以按相同的比例降低负荷的电流值，从而达到降低杂散电流的目的。目前我国地铁牵引供电系统中，供电电压有 750V 和 1500V，采用 1500V 电压牵引供电就比采用 750V 电压牵引供电产生的杂散电流小。

（2）合理设置变电所。杂散电流随着用电列车与供电牵引变电所之间距离的增加而增加，牵引变电所设置的距离不宜过长。

（3）牵引网采用双边供电。在牵引变网制式、牵引变电所之间距离及走行轨电阻值等条件相同的情况下，采用双边供电比采用单边供电，牵引电流值减小近一半，杂散电流仅为单边供电的 1/4。

（4）回流走行轨降阻。走行轨电阻较大时，回流电流在其上流过时产生的电压降也大，使钢轨对地的电位差也增大，从而增大了泄漏的杂散电流，为此必须设法降低走行轨的电阻值。为降低走行轨的电阻值，减小其泄漏的杂散电流，在防护设计中选用电阻率低的材料，增大钢轨的横截面积，将短钢轨焊接成长钢轨，在接头之间的电阻值应低于长为 5m 的回流轨的电阻值。美国波特兰轻轨系统采用的办法是使用规格为 54kg/m 的工字钢轨，从而增大了其横截面积，而且使用了连续焊接的钢轨，从而从根本上消除了钢轨接头引起的纵向电阻。

现在一般利用长轨（$L \geqslant 100m$）和架设电缆的方法连接两回流轨来减小轨道接缝的电阻，焊接至钢轨的电缆或者铜芯绝缘线的电阻应满足接头标准电阻的范围，满足牵引电流通过时温度升高的要求。

（5）增大轨道对主体结构的过渡电阻。走行轨绝缘性能的好坏是杂散电流大小的根源。在地铁运营中，轨道过渡电阻值的降低是产生杂散电流最主要的原因。杂散电流值和轨道对结构钢的过渡电阻成反比，增大轨道对结构钢的过渡电阻值可减小杂散电流值，增大过渡电阻就要提高钢轨对结构钢的绝缘水平。CJJ 49—1992《地下铁路杂散电流腐蚀防护技术规程》规定：新建线路的走行轨与区间隧道主体结构之间的过渡电阻值不应小于 $15\Omega \cdot km$，对于运行线路不应小于 $3\Omega \cdot km$。

（6）加强走行轨对地绝缘。例如，走行轨设置绝缘垫，走行轨对地保持一定间隙，道床排水沟设置在道床两侧，道床混凝土需一定厚度。

（7）保持牵引回流通路顺畅。例如，走行轨尽量选用重型钢轨，对回流网选用电阻率低的材料，短钢轨接成长钢轨等。

（8）采用隔离法，减少杂散电流的蔓延。例如在过江隧道的轨道两端绝缘结处设立单向导通装置（见图 10-11），与其他线路单向隔离，使回流电流只能从过江隧道里面向外面流，而外面的回流电流不能流进过江隧道内；同时为确保回流的畅通，用电缆将过江隧道两侧的轨道连接起来，从而减少过江隧道的杂散电流。

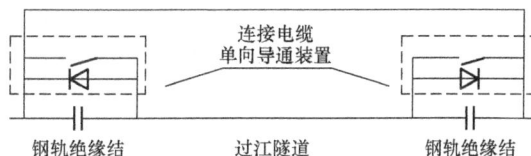

图 10-11 过江隧道绝缘结和单向导通装置

（9）重视日常维护。例如，定期清扫线路，及时消除水、积雪等。

2. "排" ——排流法

所谓排流法就是将金属结构中的杂散电流以某种渠道将其引回到钢轨或者变电所负极，其连接导线称为排流线。排流法又分为直接排流法、极性排流法和强制排流法三种，如图 10 -12 所示。

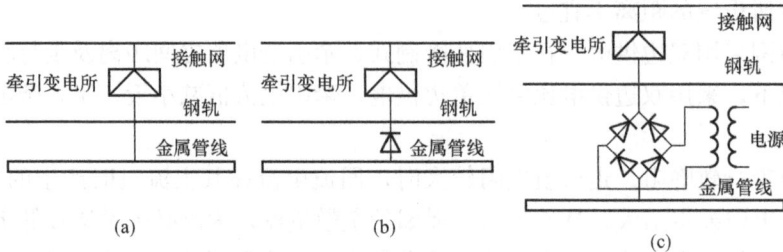

图 10 - 12　杂散电流排流保护法
(a) 直接排流法；(b) 极性排流法；(c) 强制排流法

直接排流法是将被保护的结构件与回流轨直接用导线连接，如图 10 - 12（a）所示。这种方法虽然简单，但只能在没有逆向电流时才能使用。

极性排流法是在直流排流的连接线上加装半导体整流器，只允许电流单方向流向钢轨，逆向不能流通，如图 10 - 12（b）所示。

当被保护的结构件处于杂散电流交替干扰区时，采用直接或选择排流法都不能将干扰电流排回走行轨时，就需要采用强制排流法，如图 10 - 12（c）所示，外加一直流电源促进排流，并阻止逆向电流。这种排流措施具有较强的抗交变电流腐蚀的能力，但需要额外的整流电源，因此投资和运营费用较高，而且还可能使被保护的金属导体产生过负电位区，进而使走行轨发生电化学腐蚀。

因此，对地铁区间杂散电流的防护而言，极性排流法由于成本低工作可靠，在地铁系统中应用最为广泛有效。虽然极性排流法在防止杂散电流腐蚀上起到了很好的效果，但是在排流的同时也会带来一些负面影响。被保护的阳极区与钢轨（负馈线）连接之后，实质上减小了原杂散电流路径的电阻，因而使杂散电流增大，这无疑会使临近未采取保护措施的地下金属埋设物受到更强的腐蚀。

（1）排流网的设置。地铁排流网由混凝土整体道床内的杂散电流收集钢筋网和主体结构钢筋网组成，如图 10 - 13 所示。

（2）排流柜的设置。排流柜的一端通过电缆与牵引变电所负极柜相连接，另一端与排流网的排流端子相连接，以便在轨道绝缘降低致使杂散电流增大时及时投入排流装置，使排流网中杂散电流有畅通的电气回路。

目前地铁采用的智能排流柜工作原理如图 10 - 14 所示。直流接触器 CZ 用于控制排流支路是否投入使用，R、C 用于抑制主回路通断时产生的尖峰脉冲，硅二极管 VD1 用于防止逆向排流，快速熔断器 Fu 用于在出现短路等故障时保护排流柜电路免受损害。电流传感器 M 用于检测排流回路中排流电流量的大小，并通过排流柜控制器控制 IGBT 通断的占空比，以实现排流大小的控制。当 IGBT 关断时，排流回路中串入 R_1 和 R_2，排流电流较小。当 IGBT 开通时，仅串入很小的电阻 R_2，排流电流较大。R_2 用于限制排流的瞬时电流，以保护 IGBT。排流大小可通过排流柜控制器进行设定，当控制器检测排流电流小于设定值时，

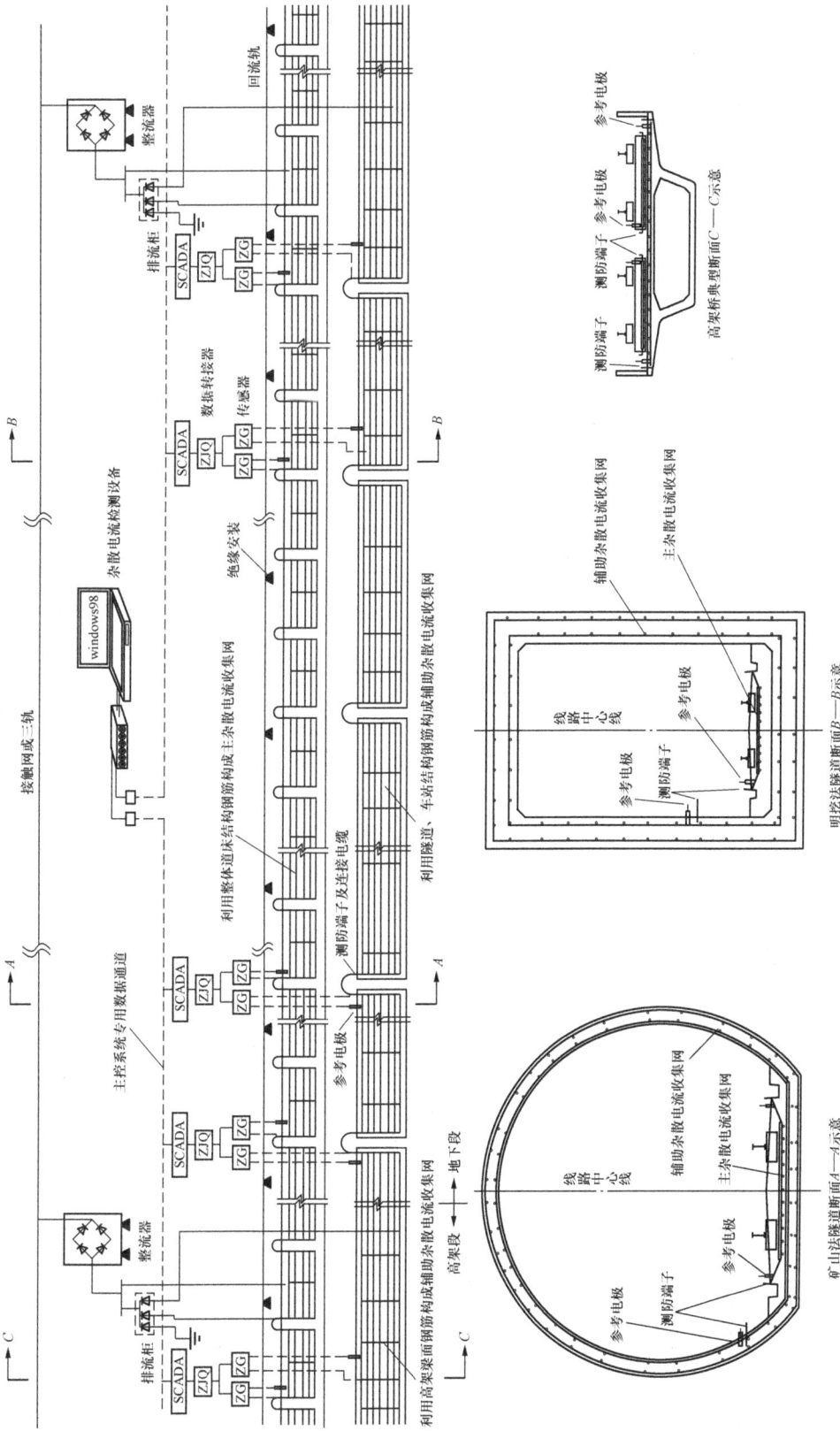

图 10-13　杂散电流防护示意

IGBT 连续开通；当检测排流电流大于设定值时，IGBT 连续关闭。正常情况下，IGBT 的导通占空比将排流电流量控制在规定的数值范围内。

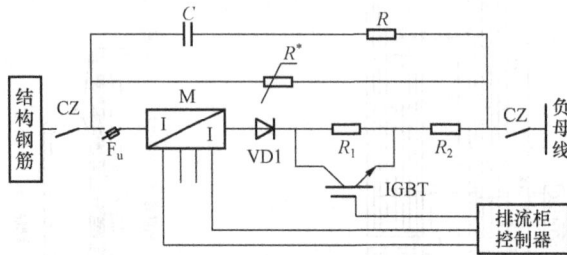

图 10-14　智能排流柜原理图

3."测"——地铁杂散电流的监测系统

由于地铁在建设过程中，根据地铁杂散电流的防护标准，采取了一系列的防护措施，泄漏的杂散电流很小，所以对地铁金属结构腐蚀危害不大，但是随着时间的推移，地铁建设初期采取的各种防护措施，尤其是绝缘措施性能的逐渐降低，杂散电流对地金属结构的腐蚀加剧。地铁是一种复杂的地下工程，其结构在施工完成后就已定型，要对主体金属结构因杂散电流腐蚀而进行更换和翻新是十分困难的，在由杂散电流腐蚀趋势发生时，应该采取积极有效的防治措施进行保护，避免造成灾难性的后果。所以在地铁正常运行时加强监测和有效地判断杂散电流的腐蚀状况是非常必要的。

设计完备的杂散电流监测系统，监视和测量杂散电流的大小，为运营维护提供依据。

(1) 杂散电流腐蚀监测原理。杂散电流难以直接测量，通常利用结构钢极化电压的测量来判断结构钢筋是否受到杂散电流的腐蚀作用，极化电压的正向偏移平均值不应超过 0.5V。在地铁沿线某一测量点轨道电位和埋地金属结构对地电位如图 10-15 所示，在整体道床上埋入一个长期有效参考电极，用于测量排流网与整体道床参考电极的电压；在隧道的侧壁也埋入一个有效参考电极，测量结构钢与侧壁参考电极的电压。轨道电位是测量轨道与侧壁结构钢之间的电压。

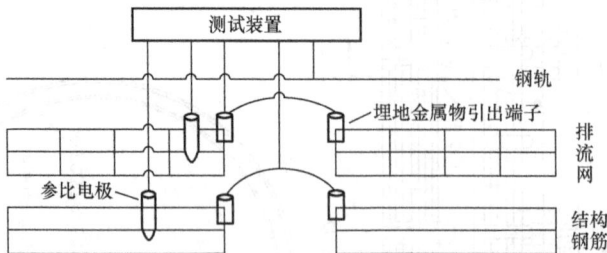

图 10-15　埋地金属对地电位和轨道电位测试原理

1) 自然本体电位 U_0 的测量。没有杂散电流扰动的情况下，测量的地铁埋地金属对地电位分布呈现一稳定值，此稳定电位称为自然本体电位 U_0。地铁一天内有几个小时的完全停止运营，在列车停止运行 2h 后，可以进行自然本体电位 U_0 的自动测量。当存在杂散电流扰动的情况下，测量电位出现偏离，所测电位为 U_1，其偏移值为 ΔU。

2) 半小时轨道电位最大值测量。轨道电位严格意义上来讲应是以无限远的大地为基准，而走行轨电位测量以无限远的大地是很难实现的，在测量中测量走行轨对埋地金属结构的电压来代表轨道电位。由于轨道电位的瞬时值变化很大，实际测量过程中，其监测和计算的参数为测量时间内的最大值 U_{max}，即半小时轨道电位的最大值。

3）极化电压的正向偏移平均值。埋地金属结构受杂散电流干扰的影响，其对地电位就是相对于参考电极的电压会偏离自然本体电位 U_0。在杂散电流流入金属结构的部位，金属结构呈现阴极，此部位的电位会向负向偏离，该部位的金属不受杂散电流腐蚀。在杂散电流流出金属结构的部位，金属结构呈现阳极性，此部位的电位会向正向偏离。因为腐蚀是一个长期作用的结果，而瞬间杂散电流的变化是杂乱无序的，仅测量瞬间金属结构对参比电极的电压不能直接反映测量点杂散电流的腐蚀情况，按规程规定测量计算在半小时时间内偏移自然本体电位 U_0 的正向平均值，其计算公式为

$$U_a(+) = \sum_{i=1}^{p} \frac{U_i(+)}{n} - U_0 \qquad (10 \text{-} 15)$$

式中 $U_a(+)$——极化电压的正向偏移平均值；

$\sum\limits_{i=1}^{p} U_i(+)$——所有正极性电压瞬时值和绝对值小于 U_0 值的负极性电压各瞬时值之和；

p——所有正极性电压瞬时值读取次数及绝对值小于 U_0 值的负极性电压各瞬时值读取次数之和；

n——总的测量次数；

U_0——自然本体电位。

（2）杂散电流监测系统。杂散电流监测系统有分散式监测系统和集中式监测系统两种。

1）分散式杂散电流监测系统。分散式杂散电流监测系统由参考电极、道床收集网测试端子、高架桥梁收集网测试端子、隧道收集网测试端子、测试盒、测试电缆、杂散电流综合测试端子箱及杂散电流综合测试装置构成，如图 10-16 所示，图中 1 为测试端子，2 为参考电极。在每个车站变电所的控制室或检修室内安装一台杂散电流测试端子箱，将该车站区段内的参考电极端子和测试端子接至接线盒，由统一的测量电缆引入至变电所测试端子箱内的连接端子，将来用移动式微机型综合测试装置分别对每个变电所进行杂散电流测试及数据处理。其中，道床收集网测试端子、高架桥梁收集网测试端子、隧道收集网测试端子可利用伸缩缝处的连接端子，不单独引出测试端子。

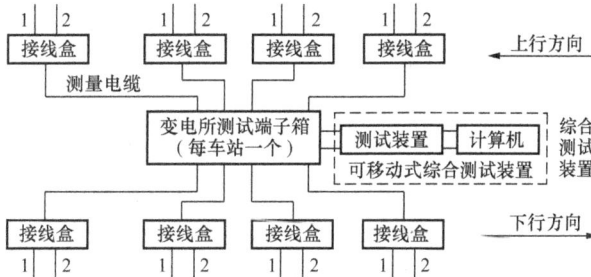

图 10-16 分散式杂散电流监测原理框图

2）集中式杂散电流监测系统由参考电极、测试端子、传感器、数据转接器、测试电缆

及杂散电流综合测试装置构成，如图 10-17 所示，图中 1 为测试端子，2 为参考电极。在每个测试点，将参考电极端子和测试端子接至传感器。将该车站区段内的上下行传感器通过测量电缆，分别连接到车站变电所的控制室或检修室内的数据转接器。车站的数据转接器通过测量电缆接至固定式杂散电流综合测试装置。综合测试装置至传感器的传输距离最远不超过 10km，由此来考虑每条线路需设置几个杂散电流综合测试室。

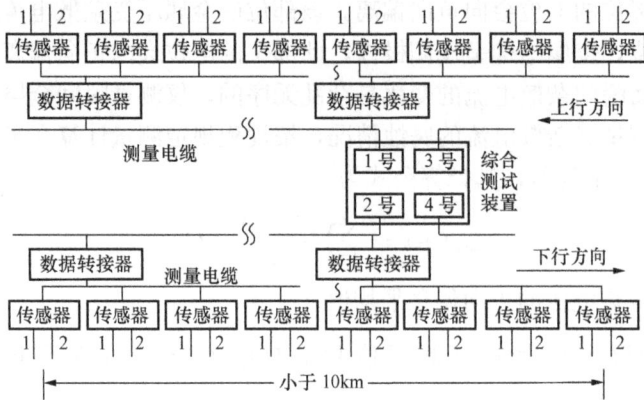

图 10-17　集中式杂散电流监测原理框图

地铁的集中式杂散电流监测系统构成原理如图 10-18 所示，主要监测整体道床排流网的极化电位、本体电位；隧道侧壁结构钢的极化电位、本体电位；监测点的轨道电位等，整个系统为一分布式计算机监测系统。传感器是一个以单片机为核心的数据采集处理系统，可以实时采集处理测量点排流网和结构钢的自然本体电位 U_0、正向平均值 U_a（＋）、半小时内的轨道电压最大值 U_{max}，并把采集运算得到的参数送入指定的内存存储起来。由于整个地铁线路较长，通信距离比较长，为保证传感器的数据可靠传送到中央控制室的上位机，转接器起到了通信传输的中继作用。监测装置通过转接器向各个传感器要监测数据，上位机与监测装置连接，把所有监测点监测和有关杂散电流的信息参数以数据库的形式存入计算机。上位机上可以实时查询到地铁沿线杂散电流腐蚀的防护情况。

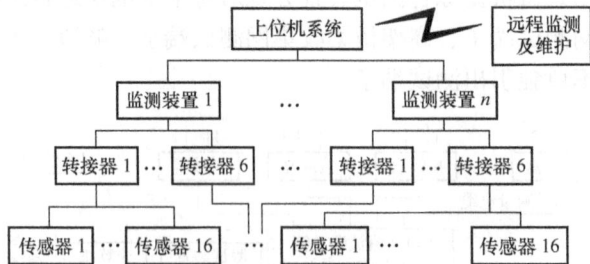

图 10-18　杂散电流监测系统构成原理图

习　题

10-1　简述杂散电流是如何产生的。

10-2 分析杂散电流的腐蚀机理。

10-3 杂散电流的危害有哪些？以铁为例，定量估计其危害性。

10-4 城市轨道交通供电系统中，如何对杂散电流进行腐蚀防护？列举常用的腐蚀防护措施。

10-5 杂散电流监测系统有哪些类型？简述各自特点和应用情况。

11　变电所平面布置图

变电所的平面布置就是对变电所的设备进行布置，是指变电所设备的房间划分、设备距墙体、设备间距的要求，以及维护通道、操作通道、运输通道的要求等，对各种设备进行合理排列与布置。什么情况下设备可以双排布置，什么情况下设备可以单排布置，什么设备之间可以排列成一排，什么设备之间应当有间距，这一切都是变电所设备布置的重要内容。

对于不同的变电所，其设备配置是不同的。下面对城市轨道交通中不同类型变电所的主要设备进行简要介绍。

（1）主变电所设备。城市轨道交通主变电所主要采用户内式。户内式主变电所的主要设备有油浸主变压器、主变压器调压开关、接地变压器、所用变压器、GIS、交流中压开关柜、继电保护屏、交直流电源屏、微机综合控制屏、接地电阻等。

（2）牵引降压混合变电所设备。牵引降压混合变电所的主要设备有牵引变压器、整流器、配电变压器、交流中压开关柜、直流开关柜、0.4kV交流低压开关柜、排流柜、交直流电源屏、微机综合控制屏、钢轨电位限制装置、负极柜等。

（3）降压变电所设备。降压变电所的主要设备有配电变压器、交流中压开关柜、0.4kV交流低压开关柜、交直流电源屏、微机综合控制屏、钢轨电位限制装置等。

11.1　变电所平面布置的总体要求

11.1.1　便于运行维护

（1）有人值守变电所应设置单独的值班室。值班室应该尽量靠近高低压配电室，且有门与之直通。

（2）主变压器室应靠近交通运输方便的马路侧。

（3）条件许可时，单独设工具材料室或维修室。

（4）昼夜值班的独立变电所，应该设置休息室。

11.1.2　保证运行安全

（1）值班室内不得有高压设备。

（2）值班室的门应朝外开。

（3）油量为100kg及其以上的变压器，应设在单独的变压器室内。变压器室的大门宜朝马路开，避免朝向露天仓库。在炎热地区，应避免朝西开门。

（4）高层建筑物内，应该采用干式电力变压器和无可燃油设备，或者采用组合式成套变配电装置。

（5）所有带电部分离墙和离地的尺寸以及各室的维护操作通道的宽度，均应符合有关规范的要求，以确保安全运行。

11.1.3　便于进出线

（1）如果是高压架空进线，则高压配电室应位于进线侧。

（2）由于变压器低压侧出线一般为裸母线，因此低压配电室应靠近变压器室。

11.1.4　节约土地和建筑费用

（1）低压配电室可兼作值班室。低压配电装置离墙的距离不得小于 3m。

（2）高压开关柜数量较少时，可与低压配电屏装设在同一室，但高压柜与低压屏之间距离不得小于 2m。此时值班室应另外设置。

（3）周围环境正常的变电所，可采用露天或半露天式。如果条件许可，也可采用屋外成套配变电装置。

（4）35kV 及以上的屋内变电所，应该双层布置，变压器室应设在底层。如果采用单层布置，变压器应采用露天或半露天安装。

（5）变电所能合建尽量合建，以节约建筑费用。

11.1.5　适应发展要求

（1）变压器室应考虑到扩容时有更换大一级容量变压器的可能。

（2）高压配电室和电容器室，均应留有适当数量柜、屏的备用位置。

11.2　变电所设备布置

11.2.1　主变电所的设备布置

户内式主变电所设有主变压器室、接地兼所用变压器室、GIS 室、交流中压开关柜室、控制室、接地电阻室等，各房间设备布置要求如下：

（1）主变压器室布置。为了运输方便，主变压器室一般布置在一层。若选用油浸式主变压器，主变压器下方需要设置储油设施。每台主变压器布置在一个单独的房间内，主变压器调压开关也布置在主变压器室内。

（2）接地变压器室布置。根据需要，若主变电所设置接地变压器时，接地变压器可以和所用变压器合并，作为接地兼所用变压器，其容量一般为 250～450kVA，多为干式变压器，一般不带外壳，采用单独房间安装。

（3）GIS 室布置。GIS 室可以布置在地面，例如位于两台主变压器之间；也可以布置在二层，靠近两台主变压器上方的地方，GIS 设备出线可直接和主变压器进线连接。

（4）交流中压开关柜室布置。一般情况下交流中压开关柜布置在单独房间内。应根据房间具体布局，可以单排布置，也可双排布置。

交流中压开关柜长度大于 7000mm 时，需要设置两个出口。需要柜后维护的中压开关柜，柜后要留出维护通道，柜前应留出操作通道。对于手车式的开关柜，当单排布置时，柜前应考虑手车拉出检修时仍然能够保证人员通过，长度按照单车长度再增加 1200mm。当双排布置时，应考虑两侧手车同时拉出检修时保证人员能够通过，操作通道宽度应满足双车长度再增加 900mm。

中压开关柜单排和双排布置时，各种通道要求见表 11-1。

表 11-1　　　　　中压配电装置室内各种通道的最小宽度　　　　　mm

布置方式	通道类型		
	维护通道	操作通道	
		固定式	手车式
设备单排布置	800	1500	单车长+1200
设备双排布置	1000	2000	双车长+900

（5）接地电阻室布置。接地电阻器需要设置单独的房间，其外轮廓与四周墙壁的距离净距按照干式变压器的净距要求设置。

（6）控制室布置。控制室一般位于主变电所建筑物的上层，室内安装的主要设备有控制屏、信号屏、交直流电源屏，以及安装在控制室内的计量屏和保护屏。

控制室内各种屏的布置可采用一排或多排布置。布置在第一排的设备称为主环。主环可采用一字形、L 形或 Π 形布置。控制室设有两个出口，其中主环处必须设一个出口。

11.2.2　牵引降压混合变电所的设备布置

牵引降压混合变电所一般分为牵引变压器室，中压及直流开关柜室、低压室、控制室、工具材料室。下面以地下岛式车站的牵引降压混合变电所为例，介绍各设备房间布置的要求。

1. 牵引变压器室布置

对于 35kV 牵引降压混合变电所，需要设置两个牵引变压器室，牵引变压器室在面向轨道的一侧设置有运输门，运输门的宽度根据变压器的不同而确定。从开关柜室通往牵引变压器室设有巡视门，在巡视门和牵引变压器室之间设有防护围栏。按照设计规范中的要求，栅状遮拦的高度应大于 1200mm，并且栅状遮拦最低栏杆距地的高度也大于 200mm。

为了控制牵引控制变压器的体积，方便于运输，牵引变压器一般是不带外壳的，牵引变压器距四周墙壁的距离必须满足各种设计要求。35kV 牵引变压器（不带外壳）四周相关的净距要求见表 11-2。

表 11-2　　　　　　　　　　　35kV 牵引变压器相关净距　　　　　　　　　　　mm

设备名称	名称	设备类型	最小尺寸数值
35kV 牵引变压器（不带外壳）	栅状网状遮拦与巡视门（或墙）的净距	1000	1000
	距栅状遮拦净距	1050	1050
	距网状遮拦净距	1000	400
	距侧面墙壁及物体净距	高压侧 1400	1000
	距侧面墙壁及物体净距	低压侧 1100	1000
	距运输门的净距	1200	1200
	距屋顶及变压器上方物体净距	1000	800

2. 中压、直流开关柜室布置

中压、直流开关柜室布置的主要设备有 35kV 中压开关柜、直流开关柜、排流柜、钢轨电位限制装置、整流器、负极柜。当低压开关柜没有布置在岛式车站的站台层时，配电变压器也布置在中压、直流开关柜室内。

中压开关柜单独排成一列，直流开关柜排成一列，负极柜可以和整流器并排布置，也可以和直流开关柜并排布置。当整流器和牵引变压器同室布置时，负极柜就和直流开关柜并排布置；当整流器不和牵引变压器同室布置时，负极柜就和整流器并排布置。排流柜一般都采用绝缘安装，可以和整流器并排布置；钢轨电位限制装置一般不采用绝缘安装，需要单独布置。每一组并排布置的设备与相邻设备之间必须要有一定的间距，间距一般值为 1000mm，最小值为 800mm。配电变压器距墙体、门、其他设备的净距见表 11-3。

表 11 - 3　　　　　　　　**35kV 配电变压器距墙体、门、其他设备的净距**　　　　　　　　mm

设备类型	名称	推荐尺寸数值	最小尺寸数值
35kV 配电变压器	距四周墙壁净距	1000	800
	距门净距	1200	1200
	设备之间（相对面不开门）	1000	800
	设备之间（相对面开门）	1500	1200

中压、直流开关柜室内的设备单排或双排布置时，必须满足设计规范中关于各种通道的要求。当开关设备单排布置时，距墙体维护通道距离的推荐值为 1000mm，最小值为 800mm；当设备双排布置时，距墙体维护通道距离的最小值为 1000mm。

对于 35kV 牵引降压混合变电所，中压开关柜一般为气体绝缘的固定式开关柜。当 35kV 开关柜与其他设备双排面对面布置时，柜前的操作通道要求取 2300mm 比较合适。在变电所布置设备时，深度比较大的设备与深度小的设备尽量面对面布置，如果变电所内的开关设备双排布置时，一般要求牵引降压混合变电所的净宽度大于 7800mm。

3. 低压开关柜室布置

如果低压开关柜室布置在岛式车站站台层时，低压柜和配电变压器一般布置在同一个房间。同一段母线的配电变压器和低压柜可以并排布置，两台配电变压器也可以面对面布置，也可以与另一段母线的开关柜面对面布置。如果车站站台的宽度满足要求，两台配电变压器面对面布置。对于 35kV 牵引降压混合变电所，两台配电变压器面对面布置所需要的最小宽度为 7600mm。

4. 控制室布置

控制室应布置在靠近车站中心的一侧，控制室内设有两个门，一个门直接与车站用房的走廊相连，另一个门通向低压室或中压直流室。由于控制室内设备较少，控制室设备采用一字形单排布置，特别困难才采用双排或 L 形布置。控制室内的设备距侧墙净距为 1000mm，屏后维修通道为 1000mm，屏前操作通道为 2000mm。

典型牵引降压混合变电所的设备布置形式如图 11 - 1 和图 11 - 2 所示。

11.2.3　降压变电所的设备布置

城市轨道交通用降压变电所，其主要设备与工业民用建筑降压变电所的一样，所不同的是设有钢轨电位限制装置。钢轨电位限制装置需要单独布置，它与其他设备的最小距离为 800mm，与后侧墙壁之间的最小距离为 800mm，前面的操作通道要符合设备单排布置或设备双排布置的相关要求，具体可参照低压开关柜各种通道的布置要求。

降压变电所的设备布置与牵引降压混合变电所所遵循的原则一样，都要满足设备维护通道、操作通道、运输通道、电缆敷设通道的要求。由于降压变电所内设备种类与数量都相对较少，因此，降压变电所所占用的空间也相对较小，布置相对简单。

降压变电所一般分为中压开关柜室、低压配电室、控制室、工具材料室，中压开关柜室布置有中压开关柜等，低压配电室内布置有配电变压器、低压开关柜等，控制室内有交直流电源屏、控制信号屏等。钢轨电位限制装置可以布置在中压开关柜室内，也可以布置在低压配电室或控制室内。降压变电所典型平面布置如图 11 - 3 所示。

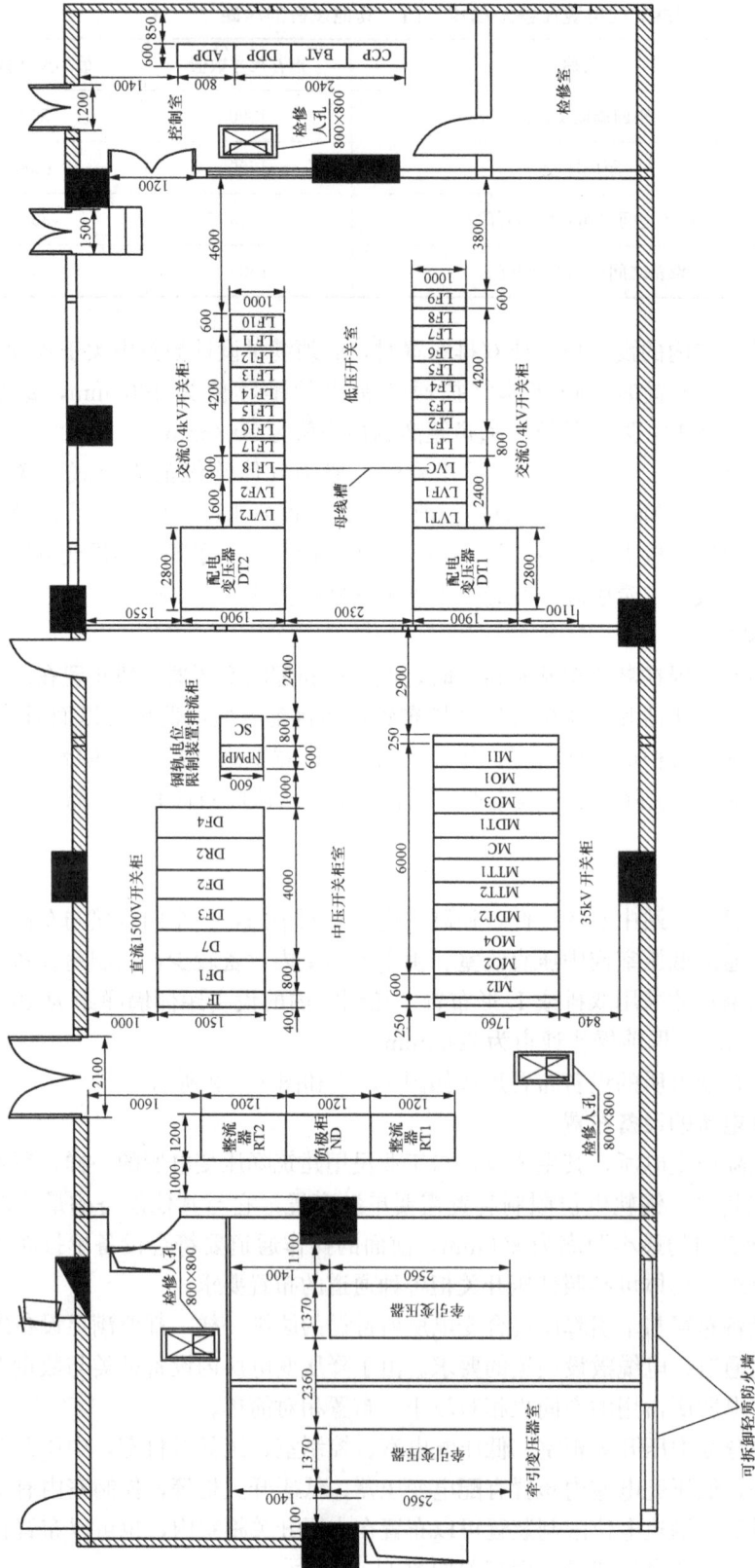

图 11 - 1 典型牵引降压混合变电所平面布置图 I

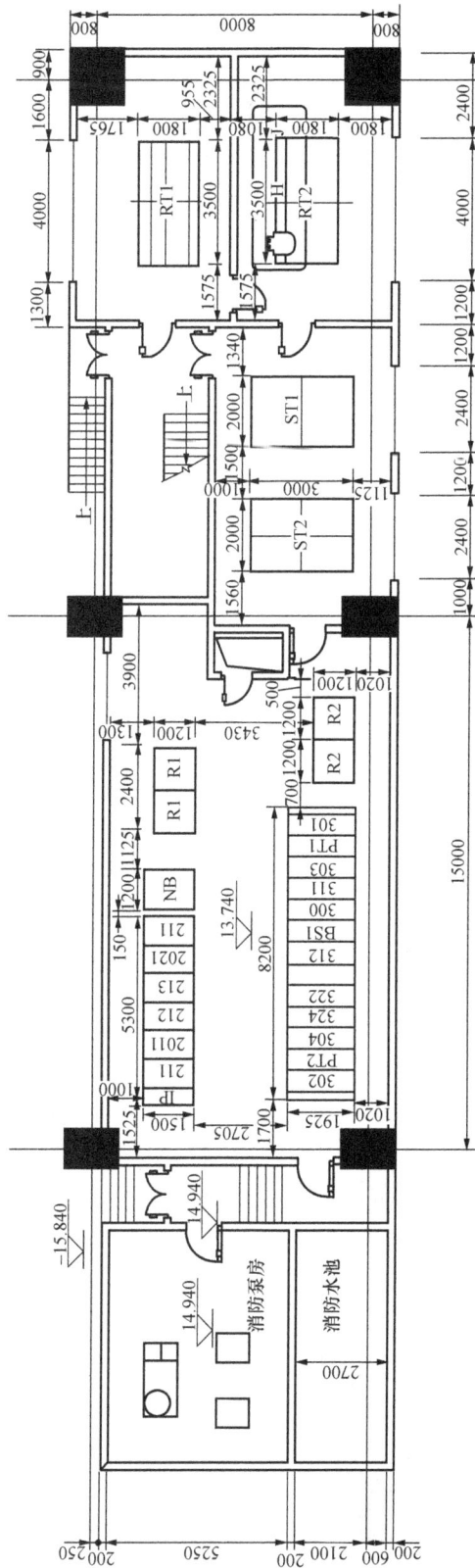

图 11-2 典型牵引降压混合变电所平面布置图Ⅱ

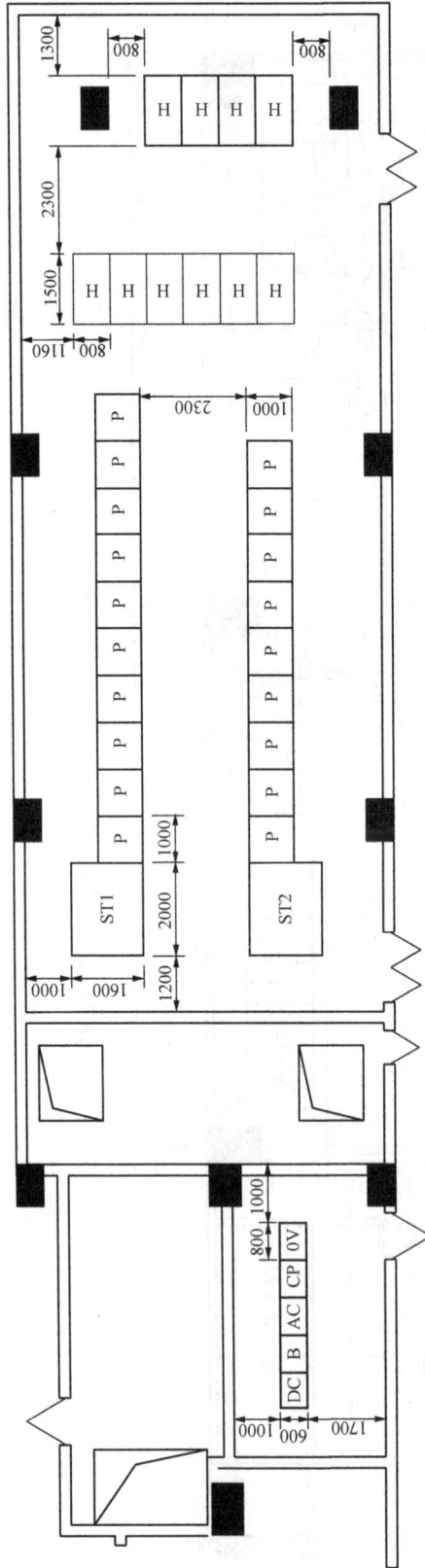

图 11 - 3 典型降压变电所平面布置图

降压变电所在地下岛式车站、地下侧式车站、地面岛式车站、地面侧式车站、高架车站、区间、车辆段的设备布置原则与牵引降压混合变电所基本相同。

根据工程实际情况，城市轨道交通工程的地面线路如和高架线路可以采用箱式降压变电所。10kV 配电变压器距墙体、门、其他设备的净距见表 11-4。

表 11-4   10kV 配电变压器距墙体、门、其他设备的净距   mm

设备类型	名称	推荐尺寸数值	最小尺寸数值
10kV 配电变压器	距四周墙壁净距	1000	800
	距门净距	1200	1000
	设备之间（相对面不开门）	1000	800
	设备之间（相对面开门）	1500	1200

习 题

11-1 简述什么是变电所的设备布置，变电所的设备布置有哪些要求。

11-2 变电所的主要设备有哪些？

11-3 主变电所一般分为哪些室？对不同室进行布置时，有何不同要求？

11-4 牵引降压混合变电所一般分为哪些室？对不同室进行布置时，有何不同要求？

11-5 降压变电所一般分为哪些室？对不同室进行布置时，有何不同要求？

12 供 电 计 算

供电计算是开展城轨供电系统设计的基础和依据，供电系统的主要电气参数、供电设备的性能指标要求、供电方案的可行性和合理性、继电保护的动作值等都需要通过计算来确定和论证。

城轨供电系统设计的相关计算既有一般性又有特殊性。其一般性是指供电系统中交流系统的相关计算，如中低压交流短路计算、保护整定值计算、低压负荷计算等，这些计算可以借鉴和利用电气设计手册和规范中已有的计算方法。其特殊性主要是指直流牵引供电系统的计算，如牵引负荷计算、牵引网电压水平计算、走行轨对地电位计算、直流短路、保护整定计算等，这些计算则需要根据系统的设计情况，建立数学模型并进行推导计算。

12.1 牵 引 供 电 计 算

牵引供电计算在城轨供电系统的设计中占有极其重要的地位，是进行供电系统设计必需的一项工作，它关系到供电系统的构成、牵引供电方式、牵引变电所的设置、牵引整流机组容量等多项系统设计的关键因素。

牵引供电系统的列车用电负荷较之一般电网固定负荷有很大差异，除了各负荷的大小随时间变化以外，其位置也是变化的（在线路上往返移动），各负荷之间的相对位置同样也是变化的，这给确定牵引供电系统的各项参数（包括负荷大小）带来了复杂性。

12.1.1 计算方法简介

关于牵引供电计算，当前较常用的有两种方法：一种适用于设计后期的运行图法，另一种适用于设计前期与后期的平均运量法。

(1) 运行图法。运行图法是一种最直接也是最复杂的计算方法，它是依据某个时间线路上正在运行的所有列车的工况（取流、惰行或停站）建立相应的数学模型，然后再对数学模型求解，从而计算出各种系统的电气参数。其计算条件是必须具备详细的线路纵断面图、列车运行图，以及列车在不同运行区段的电流曲线、速度曲线和时间曲线。因而，运行图法更适合于初步设计及以后的设计阶段。

(2) 平均运量法。平均运量法是建立在概率论基础上的，即对偶然出现的个体事件，很难发现其规律性但是对大量的事件群，就会发现有规律可循。从统计规律来讲观察和试验某一事件出现的频率，随着观察和试验次数的增加而呈现出一定的稳定性，即恒定在某一常数附近摆动，则这一常数用来表征某一事件的概率。城市轨道交通中运行的车辆，就某一具体车辆而言，它可能处于取流状态，也可能处于惰性状态。但对于某一具体线路来说，例如全线有 30 辆车在运行，就这 30 辆车辆的事件群来说，它既不可能都处于取流状态，也不可能都处于惰行状态。从概率上讲，应有 1/3 的列车在取流。在按平均运量法进行牵引供电计算时，其主要关系的平均值和有效值之间的关系应符合方差定律。

12.1.2 平均运量法

下面对平均运量法进行介绍。

1. 假设条件

利用平均运量法进行牵引供电计算时，有三个基本假设条件：

（1）馈电区间的列车数不变，并等于平均列车数。

（2）在线路上列车是运动的，其相对位置受运行条件的制约，即不可能出现两列车重合在一起的情况。

（3）列车电流在区间是任意变化的，但其列车平均电流和有效电流是不变的，对某一固定区间而言，其能耗是固定的。以一定的速度把一定重量的旅客通过具有自重的列车走相同的线路，从一个车站运送到另一个车站耗费的能量是固定的。

2. 计算条件

利用平均运量法进行牵引供电计算时，需要以下计算条件：行车密度 N 对/h；列车编组 3～8 节/列；动车自重 $M(t)$，定员人数 a；拖车自重 $T(t)$，定员人数 b；列车平均运行速度 v，km/h；牵引网额定电压 U_c，kV；牵引网单位阻抗 r，Ω/km；列车单位能耗 ΔA，kW·h/(t·km)；供电距离 L，km。

3. 计算原理

平均运量法计算电气参数的方法是按运输任务（运行的列车对数、牵引计算得到的列车电流等）对实际运行的列车情况做某些列车运行（或分布）规律的假设后，以较严密的数学方法——概率论为基础进行电气参数的计算。计算原理的核心是确定供电区段中的评价列车数。

为了说明该方法的基本思路，下面仍从单边供电区段出发，以利用平均运量法计算牵引变电所馈线平均电流 I_A 为例进行说明，I_A 的定义如下：

$$I_A = (i_1 + i_2 + \cdots + i_n)_{平均值} \tag{12-1}$$

式中　　　　　　　I_A——馈线平均电流，A；

$(i_1 + i_2 + \cdots + i_n)_{平均值}$——取所有时刻 $(i_1 + i_2 + \cdots + i_n)$ 的平均值，即为馈电线电流的平均值。

根据数学概率论，当各列车取用电流各不相关时，即某列车取某一电流值时，它并不影响其他 $(n-1)$ 列列车各取什么样的电流，也就是各列车之间所取电流有其随机性，互不影响和约束，实际上也反映了列车所处位置的各种可能性，这是比较接近实际情况的，这样可得

$$(i_1 + i_2 + \cdots + i_n)_{平均值} = (I_1 + I_2 + \cdots + I_n) \tag{12-2}$$

式中　I_1，I_2，$\cdots$，I_n——各列车在整个走行时间内的平均电流，A。

如果运行着的列车是同类型状态的列车，则 $I_1 = I_2 = \cdots = I_n = I$，$I$ 为同类型列车平均电流，所以可得

$$I_A = mI \tag{12-3}$$

式中　m——供电区段的平均列车数，$m = N \dfrac{t}{T}$；

　　　N——要求在给定时间（T）内通过供电区段的列车数；

　　　t——列车通过供电区段所需的走行时间，s。

以上平均列车数的公式可以这样理解：如果在 T 时间内要完成通过供电区段 N 列列车的任务，而且假定任何时刻区段（线路）上只有一列车，则完成以上任务需要（Nt）时间，而实际上是规定在 T 时间内要完成以上任务，所以如果（Nt）时大于 T，则用一列车走过

区段后再进入第二列车的方法是不能完成运输任务的，因此必须要同时多于一列车通过区段，则 m 就是要求同时通过（存在）区段的列车数，即平均列车数。

4. 计算内容

通过计算列车平均电流、区间平均列车数、牵引变电所馈线平均电流、牵引变电所馈线有效电流最终得出牵引变电所母线有效电流，从而可以选出牵引整流机组，还包括列车给电运行时弓上电压损失平均值、列车启动最大电压损失值、牵引网平均功率损失值、牵引网平均电压损失值、走行轨对地电位等。

5. 计算方法

（1）列车平均电流。列车单位能耗计算列车平均电流 I 为

$$I = \frac{\Delta AGv}{U_c}(A) \qquad (12-4)$$

式中　ΔA——列车单位能耗，kW；

　　　U_c——牵引网额定电压，kV；

　　　v——列车平均运行速度，km/h；

　　　G——列车质量，t。

其中

$$G = x(M + 0.06a) + y(T + 0.06b)$$

式中　x——动车数；

　　　y——拖车数；

　　　M——动车自重；

　　　T——拖车自重；

　　　a——动车每节载客人数；

　　　b——拖车每节载客人数。

（2）区间列车平均列车数。单行平均列车数 m 为

$$m = \frac{Nt}{T} = \frac{NL}{V} \qquad (12-5)$$

式中　N——列车对数，对/h；

　　　T——时间周期；

　　　t——列车区间走行时间，s；

　　　L——区间距离，km。

上、下行平均列车数

$$m_s = \frac{2Nt}{T} = \frac{2NL}{v}$$

（3）牵引变电所馈线平均电流。单边供电时

$$I_A = mI(A) \qquad (12-6)$$

双边供电时

$$I_A = \frac{mI}{2}(A) \qquad (12-7)$$

（4）牵引变电所馈线有效电流。

单边供电时

$$I_{xA}^2 = I_A^2 \left(1 + \frac{1.15\alpha - 1}{m}\right) (\text{A}) \tag{12-8}$$

双边供电时

$$I_{xA}^2 = I_A^2 \left(1 + \frac{1.13k_x^2 - 1}{m}\right) (\text{A}) \tag{12-9}$$

式中　α——列车电流间断系数，取 3.5；

　　k_x^2——有效系数，取 1.15α。

（5）列车给电运行时弓上电压损失平均值。单边供电时

$$\Delta u_d = \frac{I_A L r}{3} \left(1 + \frac{1.5\alpha - 1}{m}\right) (\text{V}) \tag{12-10}$$

式中　I_A——单边供电平均电流，A；

　　L——单边供电距离，km；

　　r——牵引网单位电阻，Ω/km。

双边供电时

$$\Delta u_d = \frac{I_A L r}{6} \left(1 + \frac{2\alpha - 1}{m}\right) (\text{V}) \tag{12-11}$$

式中　I_A——双边供电平均电流，A；

　　L——双边供电距离，km。

（6）牵引网平均功率损失。

单边供电时

$$\Delta p_d = \frac{I_A^2 L r}{3} \left(1 + \frac{1.5k_x^2 - 1}{m}\right) (\text{kW}) \tag{12-12}$$

双边供电时

$$\Delta p_d = \frac{I_A^2 L r}{3} \left(1 + \frac{2k_x^2 - 1}{m}\right) (\text{kW}) \tag{12-13}$$

（7）牵引网最大平均电压损失。

单边供电时发生在终点，有

$$\Delta u_{dmax} = \frac{I_A L r}{2} \left(1 + \frac{1}{m}\right) (\text{V}) \tag{12-14}$$

双边供电时发生在中点，有

$$\Delta u_{dmax} = \frac{I_A L r}{4} \left(1 + \frac{1}{m}\right) (\text{V}) \tag{12-15}$$

（8）走行轨电压损失。

$$\Delta u_Z = \left(\frac{R_Z}{R_J + R_Z}\right) \Delta u (\text{V}) \tag{12-16}$$

式中　R_Z——走行轨阻抗，Ω；

　　R_J——接触网阻抗，Ω；

　　Δu——牵引网电压损失，V。

应用平均运量法进行牵引供电计算虽有简单、方便的优点，但其计算结果和实际或列车运行图法、电子计算机法有较大的误差，有时可达 20%～30%，其产生误差的原因如下：

（1）各馈电区段的线路参数变化，如坡度、曲线半径不一致，乘客量不等，列车运行状况不一致，而平均运量法未考虑这些变化。

（2）设计参数的选择不当，例如列车平均电流，电流间断系数，电流波形有效系数等。

（3）在列车行车间隔大时，其电流电压的变化规律与概率理论有出入，又与设计参数选择有关。

12.2　短路电流的计算

12.2.1　交流系统短路的计算

为了保证电力系统安全运行，在设计选择电气设备时，都要用可能流经该设备的最大短路电流进行热稳定校验和动稳定校验，以保证该设备在运行中能够经受住突发短路引起的发热和电动力的巨大冲击。同时，为了尽快切断电源对短路点的供电，继电保护装置将自动地使有关断路器跳闸。继电保护装置的整定和断路器等设备的选择，也需要准确的短路电流数据。

在三相交流系统中可能发生各种形式的短路故障，主要有三相短路、两相短路和单相短路（单相接地故障）。通常三相短路电流最大；当短路点发生在发电机附近时，两相短路电流可能大于三相电流；当短路点靠近中性点接地的变压器时，单相短路电流也有可能大于三相短路电流。短路电流的大小取决于系统电源容量的大小、线路阻抗大小和短路点至电源点的距离。

一般地，对城市轨道交通供电系统而言，中压网络需要计算最大运行方式下的三相短路电流、最小运行方式下的两相短路电流和单相接地电流。

对三相或单相短路电流而言，一般需要计算以下内容：短路计算电流峰值 i_p，对称短路电流初始值 I''_k，稳态短路电流有效值 I_k。

计算方法如下：

进行短路计算，首先要知道短路电路的电气参数，如电路元件的阻抗、电路电压、电源容量等，然后通过网络变换求得电源至短路点之间的等值总阻抗，最后按照公式或运算曲线求出短路电流。

短路电路的电气参数可以用有名单位制表示，也可用标幺值表示。有名单位制一般用于1000V以下的低压网络进行短路计算，标幺值则广泛应用于高压网络。城轨供电系统的短路计算具有一般性。

进行交流短路计算需要以下计算条件及假设：①电源侧系统短路容量，一般由电力部门提供；②短路回路各元件（包括变压器、电缆等）；③短路点的位置；④基于短路前三相系统正常运行情况下的接线方式，不考虑仅在切换过程中短时出现的接线方式。

设定短路回路各元件的感抗为一常数。若电压在6kV以上，除电缆线路考虑电阻外，网络阻抗一般视为纯电抗；若短路电路中总电阻大于电抗的1/3，则应计入有效电阻。

12.2.2　直流系统短路计算

1. 计算特点

城市轨道交通直流牵引供电系统的短路计算有其特殊性，概括起来有以下四点：

（1）供电电源多，城轨直流牵引供电系统，由多个牵引变电所与牵引网共同构成一个多电源的网络，当接触网发生短路时，并非只有靠近短路点的两座牵引变电所而是全线的牵引变电所都向短路点供电。

（2）供电方式多，根据运营需要，每个供电分区都可以进行单边供电、双边供电或大双边供电。

（3）供电回路多，城轨直流牵引供电系统，因供电电源多、供电方式多，必然导致供电回路多、网络复杂化。

（4）回路参数多，因电源多、方式多、回路多，决定了供电网络中的回路参数比较多。

2. 计算目的

为使直流牵引供电系统在城市轨道交通中更有效地发挥作用，必须保证继电保护的可靠性、选择性、灵敏性和速动性。而直流系统短路计算正是城市轨道交通直流牵引供电系统设备选型及继电保护整定所必须具备的基础条件。只有在直流系统短路计算之后，才能够进行直流系统设备选型与继电保护整定。

具体而言，直流牵引供电系统短路计算有以下三个目的：

（1）作为直流设备选型的依据。计算最大短路电流 I_{kmax} 作为校核直流快速断路器的固有动作时间和极限分断能力的依据。

（2）作为继电保护整定的依据。计算最小短路电流 I_{kmin} 作为直流馈线开关保护整定的依据。

（3）作为城市轨道交通电动车辆主保护电气选择的依据。

3. 计算内容

直流系统短路计算一般需要计算以下内容：

（1）正常情况下双边供电时，各供电区间任一点的直流短路电流，并形成曲线。

（2）任一区间牵引变电所解列时，由相邻牵引变电所构成大双边供电时的区间任一点的直流短路电流，并形成曲线。

（3）端头牵引变电所解列时，由次端头牵引变电所单边供电的区间任一点的直流短路电流，并形成曲线。

4. 计算方法

直流牵引供电系统短路计算有两种方法：

（1）电路图法。这一方法是针对城市轨道交通直流牵引供电系统供电电源多、供电回路多、供电方式多、回路参数多的特点，按照实际供电网络画出等效电路图、进行网络变化，在供电网络中包括电阻。再将网络变换后的电路图利用基本定律——欧姆定律、基尔霍夫定律进行计算。该方法只能计算稳态短路电流，而不能计算供电回路的时间常数 t 和短路电流的上升率，这是该方法的不足。

用电路图法进行直流短路计算时需要知道以下三个条件：①牵引变电所直流母线电压 U（V）；②牵引变电所得内阻 ρ（Ω）；③牵引网（接触网、走行轨）电阻 R（Ω）。

（2）示波图法。这一方法是建立在工程实践基础上，通过对现场短路试验所拍摄的示波图进行数理分析而计算相关参数。其优点是可以同时计算出直流回路的所有参数，即稳态短路电流 I_k、回路时间常数 t 和短路电流上升率 di/dt。

12.2.3 短路计算实例

短路计算参数：中压电压等级为 35kV、电源侧系统短路容量为 5000MVA、外部电源电缆截面积为 $300mm^2$，中压网络电缆截面为 $240mm^2$，短路示意如图 12 - 1 所示。

1. 交流短路计算

图 12 - 2 所示为短路点 d1 处三相短路电流。

（1）系统阻抗

$$Z_1 = \frac{U^2}{S} \tag{12 - 17}$$

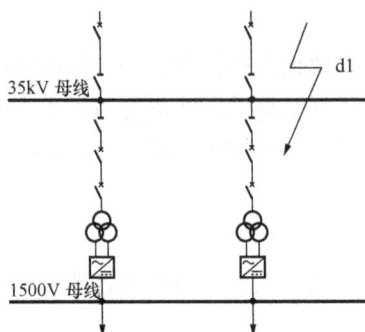

图 12 - 1　短路示意

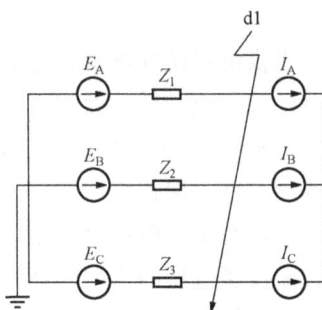

图 12 - 2　短路等效示意

所以

$$Z_1 = \frac{35^2}{300} = 4.083(\Omega)$$

（2）外部电源电缆阻抗。查电气手册 35kV300mm² 电缆单位阻抗 $R_2 = 0.0601\Omega/km$，单位电抗为 $0.069\Omega/km$，因此，外部电源电缆阻抗为

$$Z_2 = \sqrt{R_2^2 + X_2^2} \tag{12 - 18}$$

所以

$$Z_2 = \sqrt{(0.0601)^2 + (0.069)^2} = 0.0921(\Omega)$$

（3）中压网络电缆阻抗。因为 35kV 240mm² 电缆单位阻抗 $R_3 = 0.0767\Omega/km$，单电抗 $X_3 = 0.04\Omega/km$，因此，中压网络电缆阻抗为

$$Z_3 = \sqrt{(0.0767)^2 + (0.04)^2} = 0.0865(\Omega)$$

（4）d1 处的三相短路电流为

$$I_k = \frac{U}{\sqrt{3}Z} = \frac{U}{\sqrt{3}(Z_1 + Z_2 + Z_3)} \tag{12 - 19}$$

所以

$$I_k = \frac{35}{\sqrt{3}(4.083 + 0.092 + 0.0865)} = 4.742(kA)$$

（5）冲击短路电流。

$$i_P = K_P \sqrt{2} I_k \tag{12 - 20}$$

所以

$$i_P = 1.8 \times \sqrt{2} \times 4.742 \times \sqrt{1+2 \times (1.8-1)^2} = 7.162(\text{kA})$$

（6）短路电流最大有效值

$$I_P = I_k \sqrt{1+2(K_P-1)^2} \tag{12-21}$$

所以

$$I_P = 4.742 \times \sqrt{1+2 \times (1.8-1)^2} = 7.162(\text{kA})$$

2. 直流短路计算

（1）牵引变电所内阻的计算。利用简化经验公式

$$\rho = k_r \frac{U_d}{100} \frac{U_n^2}{0.9 n S_T} \tag{12-22}$$

式中　U_n——直流侧额定电压，kV；

　　　　U_d——牵引变压器短路电压百分值；

　　　　S_T——变压器容量，kVA；

　　　　n——牵引整流机组套数；

　　　　k_r——内阻因数，根据短路电至变电所的不同距离，可取不同值；

　　　0.9——此处牵引变压器与整流器的匹配系数按 0.9 考虑。

近点短路时，将 $U_n=1.5\text{kV}$，$U_d=8$，$S_T=5\text{kVA}$，$k_r=1.075$，代入式（12-22），可得 $\rho=0.0268\Omega$。

远点短路时，将 $U_n=1.5\text{kV}$，$U_d=8$，$S_T=5\text{kVA}$，$k_r=1$，代入式（12-22），可得 $\rho=0.025\Omega$。

（2）计算短路电流。按两座牵引变电所双边供电（不考虑对侧接触网的影响，考虑相邻牵引变电所的影响）进行计算。

等效电路图如图 12-3 所示。

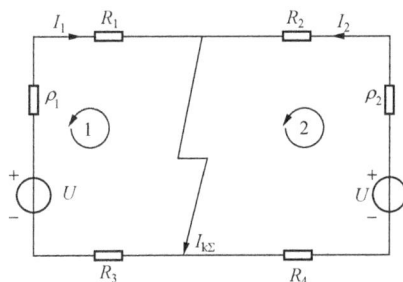

图 12-3　两座牵引变电所双边供电直流短路等效示意

计算网孔电流。根据 KVL 定律，对图 12-3 可列方程：

网孔 1　$I_1 R_{11}=U$

网孔 2　$I_2 R_{22}=U$

求解得

$$I_1 = \frac{U}{R_{11}}(\text{A}) \tag{12-23}$$

$$I_2 = \frac{U}{R_{22}}(\text{A}) \tag{12-24}$$

总短路电流：

$$I_{k\sum} = I_1 + I_2 (\text{A}) \tag{12-25}$$

式中　U——牵引变电所母线电压，V；

　ρ_1、ρ_2——牵引变电所内阻，Ω；

　R_1、R_2——接触网电阻，Ω；

　R_3、R_4——走行轨电阻（上、下行并联），Ω；

　　R_{11}——回路 1 自阻，$R_{11} = \rho_1 + R_1 + R_3$，Ω；

　　R_{22}——回路 2 自阻，$R_{22} = \rho_1 + R_2 + R_4$，Ω。

　　将 $U = 1500\text{V}$，$\rho_1 = 0.0268\Omega$，$\rho_2 = 0.025\Omega$，$R_1 = R_2 = 0.028\Omega$，$R_3 = R_4 = 0.0137\Omega$ 代入式（12-23）和式（12-24），可得

$$I_1 = 21897.81\text{A}$$
$$I_2 = 22488.76\text{A}$$

代入式（12-25），可得

$$I_{k\Sigma} = 21\,897.81 + 22\,488.76 = 44\,386.57(\text{A})$$

习　题

12-1　常用的牵引供电计算方法有哪些？

12-2　简述平均运量法进行牵引供电计算的原理。

12-3　采用平均运量法进行牵引供电计算时，需要的计算条件是什么？

12-4　在三相交流系统中可能发生的短路故障形式有哪些？

12-5　城市轨道交通直流牵引供电系统的短路计算有哪些特殊性？

参 考 文 献

[1] 何宗华. 城市轻轨交通工程设计指南 [M]. 北京：中国建筑工业出版社，1993.

[2] 于松伟，杨兴山，韩连祥，等. 城市轨道交通供电系统设计原理与应用 [M]. 成都：西南交通大学出版社，2008.

[3] 孙章，何宗华，徐金祥. 城市轨道交通概论 [M]. 北京：中国铁道出版社，2007.

[4] 张庆贺，朱合华，庄荣. 地铁与轻轨 [M]. 北京：人民交通出版社，2001.

[5] 刘钊，余才高，周振强. 地铁工程设计与施工 [M]. 北京：人民交通出版社，2004.

[6] 何宗华，汪松滋，何其光. 城市轨道交通供电系统运行与维修 [M]. 北京：中国建筑工业出版社，2005.

[7] 李威. 地铁杂散电流腐蚀监测及防护技术 [M]. 徐州：中国矿业大学出版社，2004.

[8] 郑瞳炽，张明锐. 城市轨道交通牵引供电系统 [M]. 北京：中国铁道出版社，2003.

[9] 李建明. 城市轨道交通供电导论 [M]. 北京：机械工业出版社，2012.

[10] 上海申通地铁集团有限公司，轨道交通培训中心. 城市轨道交通配变电技术 [M]. 北京：中国铁道出版社，2012.

[11] 余建明，同向前，苏文成. 供电技术 [M]. 北京：机械工业出版社，2008.

[12] 孙丽华. 供配电工程 [M]. 北京：机械工业出版社，2011.

[13] 王素英，沈景霆，王润生，等. 常用电气设备手册（第二版）[M]. 北京：中国电力出版社，2004.

[14] 陆敏政. 电力工程，2 版 [M]. 北京：中国电力出版社，2007.

[15] 黄德胜，张巍. 地下铁道供电 [M]. 北京：中国电力出版社，2009.

[16] 盛国林，陕春玲. 发电厂及变电所设备 [M]. 武汉：华中科技大学出版社，2011.

[17] 陈化钢. 电气设备及其运行 [M]. 合肥：合肥工业大学出版社，2004.

[18] 黄德胜，张巍. 地下铁道供电 [M]. 北京：中国电力出版社，2009.

[19] 王靖满，黄书明. 城市轨道交通供电系统技术 [M]. 上海：上海科学普及出版社，2011.

[20] 张莹，陶艳. 城市轨道交通供电技术 [M]. 北京：人民交通出版社，2010.

[21] 宋奇孔，李学武. 城市轨道交通供电 [M]. 北京：中国铁道出版社，2012.

[22] 葛党朝，何鹏，秦孝峰. 城市轨道交通车辆牵引及供电系统 [M]. 重庆：重庆大学出版社，2013.

[23] 刘介才. 工厂供电，4 版 [M]. 北京：机械工业出版社，2004.

[24] 李东轮. 关于地铁供电系统设计的探讨 [J]. 地下工程与隧道，2004，26（3）：40-55.

[25] 高敬宇，易凡. 地铁及轻轨杂散电流腐蚀的防护措施 [J]. 天津理工学院学报，1996，12（1）：32-36.

[26] 吴祥祖，张庆贺，高卫平. 地铁杂散电流产生机理及其防护措施 [J]. 建筑安全，2003，3（5）：28-30.

[27] 吕伟杰. 地铁杂散电流的防护方案研究与设计 [D]. 成都：西南交通大学，2007：14-16.

[28] 谭冬华. 地铁杂散电流的危害与防护 [J]. 都市快轨交通，2007，20（1）：86-89.

[29] 吴廷军. 广州地铁五号线车辆段杂散电流防护系统 [J]. 教育教学，2010，10（1）：183-184.

[30] 吴廷军. 深圳地铁的杂散电流防护措施分析 [J]. 铁道机车车辆，2001，5（1）：32-34.

[31] 王泽学. 城市轨道交通的防杂散电流设施施工 [J]. 铁道机车车辆，2001，5（3）：40-42.

[32] 许建国. 浅谈杂散电流腐蚀机理及防护措施 [J]. 铁道建筑技术，2005，6（1）：60-62.

[33] 于松伟，周菁，韩连祥，等. 直流 1500V 接触轨系统的安全防护 [J]. 都市快轨交通，2010，23

(1)：5-10.

［34］于松伟．地铁供电系统中压网络的研究［C］．中青年专家论文集．2002.

［35］王彦利，谢伟，鲁楠．地铁车站跟随式降压变电所设置方案研究［J］．电气化铁道，2010，3：46-48.

［36］黄民德，范文，王瀛．建筑电气技术基础［M］．天津：天津大学出版社，2005.

［37］翁双安．供配电工程设计指导［M］．北京：机械工业出版社，2008.